京津冀协同创新指数

天津市科学技术发展战略研究院　编著
河北省科学技术情报研究院

科学技术文献出版社
·北京·

图书在版编目（CIP）数据

京津冀协同创新指数 / 天津市科学技术发展战略研究院，河北省科学技术情报研究院编著. —北京：科学技术文献出版社，2022.7
ISBN 978–7–5189–9344–4

Ⅰ.①京… Ⅱ.①天… ②河… Ⅲ.①区域经济—国家创新系统—研究—华北地区 Ⅳ.① F127.2

中国版本图书馆 CIP 数据核字（2022）第 120194 号

京津冀协同创新指数

策划编辑：胡　群　责任编辑：巨娟梅　张瑶瑶　责任校对：王瑞瑞　责任出版：张志平

出　版　者	科学技术文献出版社	
地　　　址	北京市复兴路15号　邮编　100038	
编　务　部	（010）58882938，58882087（传真）	
发　行　部	（010）58882868，58882870（传真）	
邮　购　部	（010）58882873	
官 方 网 址	www.stdp.com.cn	
发　行　者	科学技术文献出版社发行　全国各地新华书店经销	
印　刷　者	北京虎彩文化传播有限公司	
版　　　次	2022 年 7 月第 1 版　2022 年 7 月第 1 次印刷	
开　　　本	710×1000　1/16	
字　　　数	203千	
印　　　张	10.75	
书　　　号	ISBN 978–7–5189–9344–4	
定　　　价	36.00元	

版权所有　违法必究

购买本社图书，凡字迹不清、缺页、倒页、脱页者，本社发行部负责调换

《京津冀协同创新指数》编委会成员

主　　　编：王　红　聂永川　吴　达　高　文

执 行 主 编：孟　媛　王江平

编 辑 人 员：（按姓氏笔画排序）

　　　　　　王江平　刘　淼　吴　达　张　聪

　　　　　　陈　娟　孟　媛　倪　苹　高　文

　　　　　　高　原

序 言

京津冀协同发展是党中央、国务院谋划、部署和推动的第一个重大区域发展战略。自2014年以来，京津冀协同发展先是经历5年"谋思路、打基础、寻突破"的探索，又走过3年"滚石上山、爬坡过坎、攻坚克难"的关键阶段。期间，习近平总书记多次前往京津冀三地考察调研，并对京津冀协同发展工作提出了一系列重要论述和指示，他强调京津冀协同发展是一个大思路、大战略，要走出一条内涵集约发展的新路子，促进区域协调发展，形成新的增长极。为深入贯彻落实习近平总书记和党中央、国务院关于京津冀协同发展的重要指示批示精神，京津冀三地科技部门始终将京津冀协同创新作为一项重点任务组织开展统计监测和研究。

2019年，天津市科技局设立为期两年的科技计划项目——"京津冀科技统计协同创新基地建设研究"，支持天津市科学技术发展战略研究院联合京冀两地科技统计支撑机构共同开展京津冀协同创新研究。2021年，河北省科学技术情报研究院设立专题经费，支持课题组继续开展京津冀协同创新指数研究，持续对京津冀协同创新状况进行动态跟踪监测，把握京津冀协同创新发展态势，总结发展成效，挖掘发展潜力，分析存在不足，推动京津冀高质量发展，为京津冀三地政府科学管理提供数据支撑和决策参考。

按照《中共中央 国务院关于建立更加有效的区域协调发展新机制的意见》要求，围绕发挥各地区比较优势和缩小区域发展差距等核心内容，课题组充分借鉴和运用协同理论和方法，开创性地从发展和均衡两个视角衡量协同，明确：京津冀协同发展战略实施以后，在各地区创新能力实现增长的同时，地区间创新差距应该不断缩小；只有同时满足上述两个条件，才能称之为协同。在研究过程中课题组力求评价指标体系科学合理，指标选取严谨规范，数据来源权威可靠，评价结果客观准确。

本书通过丰富翔实的统计数据，图文并茂地展示出京津冀协同创新建设取得的成效。通过与长三角进行的区域比较，读者可以更加直观、全面、系统地了解到国内这两大重点区域的协同创新状况。

本书包括5章。第一章为评价指标体系构建，主要介绍京津冀协同创新评价指标体系的研究思路、构建原则、指标体系和评价方法等。第二章为评价结果，通过采集2014—2020年相关指标数据，根据评价指标体系和评价方法，得出连续7年京津冀协同创新总指数、发展指数和均衡指数。第三章为发展成效，根据评价结果，分析2014—2020年京津冀协同创新发展状况，总结京津冀协同创新发展取得的成效。第四章为协同创新不足分析，通过与长三角协同创新开展比较研究，分析京津冀协同创新发展中存在的不足。第五章为河北省优势及潜力分析，根据京津冀协同创新发展指数，有针对性地对河北省协同创新取得的成效和发展的潜力开展分析，力图从京津冀局部为河北省科技管理部门提供有针对性的决策参考和数据支撑。

本书在编写过程中得到了河北省科学技术情报研究院王红院长和聂永川副院长、天津市科学技术发展战略研究院王华峰院长和喻凯副院长的大力支持。在研究过程中得到了中国科学技术发展战略研究院技术预测与统计分析研究所玄兆辉所长、北京市科学技术研究院创新发展战略研究所张振伟副所长、北京立言创新科技咨询中心何平研究员和王文霞研究员的鼎力支持。上述专家的参与，也充分说明本书是京津冀科技统计专家合作的成果。在数据采集和统计分析研究过程中，本书得到了天津财经大学王铭和河北工业大学孙启超两位研究生的大力协助。在此一并深表感谢。

由于课题组专业知识和研究水平有限，书中如有不妥之处，敬请批评指正。

京津冀协同创新指数研究课题组
2022年5月25日

目 录

第一章 京津冀协同创新评价指标体系构建 1
 一、研究思路 1
 二、构建原则 3
 三、指标体系 4
 四、评价方法 8
 五、评价参照 11
 六、数据来源 12

第二章 京津冀协同创新指数评价结果 14
 一、总指数评价 14
 二、一级指标评价 16
 三、二级指标评价 21
 四、三级指标评价 35

第三章 京津冀协同创新发展成效 77
 一、协同创新总指数逐年提升，地区差异有所减小 77
 二、创新环境不断优化，生态保护稳步推进 79
 三、创新资源持续聚集，创新成果累累 86
 四、创新经济稳步发展，经济成果逐渐凸显 96

第四章 京津冀协同创新不足 103
 一、京津冀协同创新总指数低于长三角 103
 二、京津冀创新环境与长三角差距逐年扩大 106

三、京津冀创新资源协同有待突破……………………………… 116
　　四、京津冀创新经济有待加速发展……………………………… 126

第五章　河北省优势及潜力分析……………………………………… 135
　　一、河北省协同创新实现超常发展……………………………… 135
　　二、评价对河北省协同创新工作的启示………………………… 139

附　录……………………………………………………………………… 143
　　一、京津冀协同创新评价指标体系……………………………… 143
　　二、京津冀和长三角协同创新指标数据………………………… 144
　　三、京津冀协同创新评价指标解释……………………………… 157

第一章
京津冀协同创新评价指标体系构建

实施区域协调发展战略是新时代我国重大战略之一,是贯彻新发展理念、建设现代化经济体系的重要组成部分。《中共中央 国务院关于建立更加有效的区域协调发展新机制的意见》明确提出:"建立区域发展监测评估预警体系。围绕缩小区域发展差距、区域一体化、资源环境协调等重点领域,建立区域协调发展评价指标体系,科学客观评价区域发展的协调性,为区域政策制定和调整提供参考。引导社会智库研究发布区域协调发展指数。"为此,京津冀协同创新指数研究课题组继续利用《京津冀协同创新记分牌》提出的指标体系和评价方法,围绕协同创新从发展和均衡两个视角开展京津冀协同创新指数研究,力求为区域协同创新发展提供参考。

一、研究思路

本书的研究思路是,继续以京津冀为研究主体,以长三角区域协同创新为参照系,在指标体系构建上力求体现区域创新,在评价方法上力求体现区域协同。通过研究构建区域协同创新评价指标体系,动态跟踪监测和评价京津冀协同创新发展进程,总结京津冀整体和三地各自协同创新特色,反映京津冀协同创新发展取得的成效,同时在京津冀自身开展纵向比较的基础上,与长三角进行横向对比分析,说明京津冀未来发展的潜力和存在的不足,为京津冀宏观管理和科学决策提供依据和参考,为推动京津冀协同创新能力持续提升提供数据支撑。

1. 研究对象：以京津冀为研究对象，长三角作参照

本书以京津冀为研究对象，但并非将京津冀三地单纯整合成一个整体，而是根据研究需要，既将京津冀作为一个整体研究，又对京津冀三地分别开展研究，分析京津冀三地各自的发展特点、三地之间的协同联系，以及三地之间的创新差异。

选择长三角作为参照对象。很多学者认为珠三角和长三角是区域协同创新较为成功的范例。珠三角的特点是同一个省内不同区域之间的协同创新，相对简单；长三角则是不同省市行政区划之间的区域协同创新，相对复杂。两者比较，长三角与京津冀具有更好的可比性。因此，本书将长三角作为主要参照系。在分析京津冀协同创新的同时，也使用该指标体系和评价方法，分析长三角协同创新状况，用同一把尺子对比分析京津冀和长三角的不同特点和协同创新差异。

2. 研究内容：创新环境、创新资源和创新经济

创新是引领发展的第一动力。对区域协同创新进行评价，不仅需要创新环境、创新资源，而且也需要与经济社会的大系统相关联。协同创新以经济社会发展为基础、为支撑，经济社会发展以协同创新为动力、为要素。

第一，协同创新离不开良好的外部环境和必要的物质技术条件，如物流交通、网络信息和生态保护等，创新环境协同是各协同主体协同意愿的体现，也是区域开放和高质量发展的重要体现。

第二，协同创新需要必要的创新资源和创新投入，如创新机构建设、持续的创新投入和高水平的创新产出等。创新资源的发展和各协同主体间差距的不断缩小，是区域协同发展的重要体现。

第三，协同创新的最终目标是促进经济社会高质量发展，主要包括各地区产业结构的优化与协同、经济发展质量的提升与协同，以及居民生活水平的提升与协同等。创新经济协同是区域高质量发展的重要体现之一。

3. 研究视角：发展和均衡

协同的根本目标是通过合作达到共赢，合作是手段，共赢是目的。达成合作共赢最重要的表现：一是各协同主体均实现"发展"；二是各协同主体之间实现"均衡"发展。"发展"和"均衡"缺一不可。

发展表现为各地区科技创新和经济社会发展较协同提出之前有更好的进步。没有各协同主体的发展，协同就失去了意义。

均衡是指各地区之间在经济社会与创新有关的层面都实现发展的前提下，发展水平逐步接近，各地之间的发展差距没有扩大。协同发展的各主体间存在着利益关系，协同发展的目标是双赢或多赢。

二、构建原则

京津冀协同创新评价指标体系构建遵循以下6个原则。

1. 科学性原则

京津冀协同创新评价指标体系兼顾协同创新评价理论和工作实际需要，从不同方面、多角度反映区域协同创新状况，力争在逻辑结构和指标框架上严谨、合理，抓住评价对象和评价内容的本质。

2. 可比性原则

在评价指标选择上，尽可能选取政府统计指标体系改革增设的、与科技创新和区域协同相关的指标。同时，确保历年指标统计口径、统计范围和统计对象一致，以便在不同时期和不同评价对象间均具有较好的可比性。不采用地方统计标准计算的统计指标，以保证指标口径的一致性。

3. 简明性原则

评价指标均具有典型代表性，保证选取的指标既不要过多过细，过于烦琐，相互重叠；也不要过少过简，以免指标信息遗漏、以偏概全和不全面不完整等现象的出现。同时，使用规范的指标名称和计算方法，不采用修匀方法平滑，以真实反映指标值的变化和波动。

4. 公开性原则

数据来源主要是《中国统计年鉴》《中国科技统计年鉴》《中国火炬统计年鉴》和国家各部委或统计部门公开出版、发布的数据，指标概念明确，含义清晰，数据公开、权威、可靠，便于社会各界进行核查和索引。

5. 动态性原则

京津冀区域协同创新发展情况，需要通过一段时间的观察和分析才能得以充分反映。因此，该指标体系的选取和评价充分考虑了京津冀协同发展战略的提出时间，对 2014 年以来京津冀协同创新动态变化情况进行研究。

6. 系统性原则

京津冀协同创新评价指标体系中选用的各层级指标之间相互独立，又彼此联系，共同构成一个有机统一体。各指标之间有较强的逻辑关系，不但从不同的侧面反映京津冀协同创新的主要特征和状态，而且反映各层级之间的内在联系。

三、指标体系

基于上述观点和构建原则，设计建立京津冀协同创新评价指标体系。该指标体系由创新环境、创新资源和创新经济 3 个一级指标，物流交通、网络信息、生态保护、创新机构、创新投入、创新成果、高新产业、经济发展和经济成果 9 个二级指标和 25 个三级指标组成。由一级指标和二级指标形成的京津冀协同创新评价指标体系框架如图 1-1 所示。

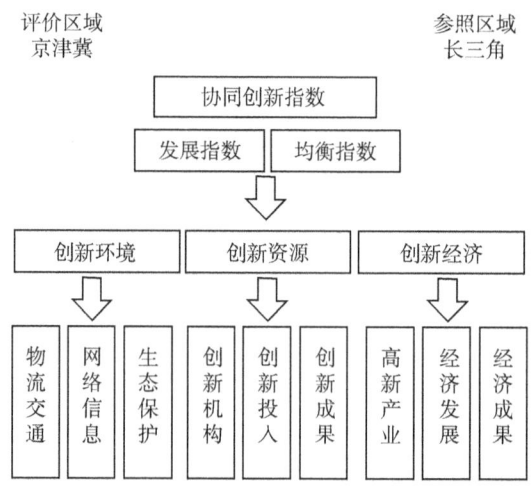

图 1-1　京津冀协同创新评价指标体系框架

每个三级指标均从发展和均衡两个视角进行测度,形成相应二级指标的发展指数和均衡指数,在此基础上,形成京津冀相应一级指标的发展指数和均衡指数,最后形成京津冀协同创新总指数。京津冀协同创新评价指标体系和指数体系如表1-1和表1-2所示。

表1-1 京津冀协同创新评价指标体系

一级指标	二级指标	三级指标
创新环境	物流交通	客运量
		轨道交通里程
		国家铁路地区间货物交流量
	网络信息	移动互联网用户数
		电子商务销售额
		邮电业务总量
	生态保护	空气达到二级以上天数
		城市污水处理率
		生活垃圾无害化处理量
创新资源	创新机构	国家重点实验室和工程技术中心数
		国家备案众创空间数
		国家级科技企业孵化器数
	创新投入	R&D经费内部支出
		R&D人员折合全时当量
		地方财政科技支出
	创新成果	输出技术成交额
		有效发明专利数
		区域间技术成交额
创新经济	高新产业	高技术产品出口额
		高新技术企业就业人员

续表

一级指标	二级指标	三级指标
创新经济	高新产业	规模以上工业企业新产品销售收入
	经济发展	人均地方财政收入
		综合能耗产出率
	经济成果	人均GDP
		居民人均可支配收入

注：三级指标解释参见附录。

表1-2 京津冀协同创新指数体系

协同指数	发展指数	均衡指数
创新环境协同指数（Ⅰ）	创新环境发展指数（Ⅰ）	创新环境均衡指数（Ⅰ）
物流交通协同指数（Ⅱ）	物流交通发展指数（Ⅱ）	物流交通均衡指数（Ⅱ）
客运量协同指数（Ⅲ）	客运量发展指数（Ⅲ）	客运量均衡指数（Ⅲ）
轨道交通里程协同指数（Ⅲ）	轨道交通里程发展指数（Ⅲ）	轨道交通里程均衡指数（Ⅲ）
国家铁路地区间货物交流量协同指数（Ⅲ）	国家铁路地区间货物交流量发展指数（Ⅲ）	国家铁路地区间货物交流量均衡指数（Ⅲ）
网络信息协同指数（Ⅱ）	网络信息发展指数（Ⅱ）	网络信息均衡指数（Ⅱ）
移动互联网用户数协同指数（Ⅲ）	移动互联网用户数发展指数（Ⅲ）	移动互联网用户数均衡指数（Ⅲ）
电子商务销售额协同指数（Ⅲ）	电子商务销售额发展指数（Ⅲ）	电子商务销售额均衡指数（Ⅲ）
邮电业务总量协同指数（Ⅲ）	邮电业务总量发展指数（Ⅲ）	邮电业务总量均衡指数（Ⅲ）
生态保护协同指数（Ⅱ）	生态保护发展指数（Ⅱ）	生态保护均衡指数（Ⅱ）
空气达到二级以上天数协同指数（Ⅲ）	空气达到二级以上天数发展指数（Ⅲ）	空气达到二级以上天数均衡指数（Ⅲ）
城市污水处理率协同指数（Ⅲ）	城市污水处理率发展指数（Ⅲ）	城市污水处理率均衡指数（Ⅲ）

续表

协同指数	发展指数	均衡指数
生活垃圾无害化处理量协同指数（Ⅲ）	生活垃圾无害化处理量发展指数（Ⅲ）	生活垃圾无害化处理量均衡指数（Ⅲ）
创新资源协同指数（Ⅰ）	创新资源发展指数（Ⅰ）	创新资源均衡指数（Ⅰ）
创新机构协同指数（Ⅱ）	创新机构发展指数（Ⅱ）	创新机构均衡指数（Ⅱ）
国家重点实验室和工程技术中心数协同指数（Ⅲ）	国家重点实验室和工程技术中心数发展指数（Ⅲ）	国家重点实验室和工程技术中心数均衡指数（Ⅲ）
国家备案众创空间数协同指数（Ⅲ）	国家备案众创空间数发展指数（Ⅲ）	国家备案众创空间数均衡指数（Ⅲ）
国家级科技企业孵化器数协同指数（Ⅲ）	国家级科技企业孵化器数发展指数（Ⅲ）	国家级科技企业孵化器数均衡指数（Ⅲ）
创新投入协同指数（Ⅱ）	创新投入发展指数（Ⅱ）	创新投入均衡指数（Ⅱ）
R&D 经费内部支出协同指数（Ⅲ）	R&D 经费内部支出发展指数（Ⅲ）	R&D 经费内部支出均衡指数（Ⅲ）
R&D 人员折合全时当量协同指数（Ⅲ）	R&D 人员折合全时当量发展指数（Ⅲ）	R&D 人员折合全时当量均衡指数（Ⅲ）
地方财政科技支出协同指数（Ⅲ）	地方财政科技支出发展指数（Ⅲ）	地方财政科技支出均衡指数（Ⅲ）
创新成果协同指数（Ⅱ）	创新成果发展指数（Ⅱ）	创新成果均衡指数（Ⅱ）
输出技术成交额协同指数（Ⅲ）	输出技术成交额发展指数（Ⅲ）	输出技术成交额均衡指数（Ⅲ）
有效发明专利数协同指数（Ⅲ）	有效发明专利数发展指数（Ⅲ）	有效发明专利数均衡指数（Ⅲ）
区域间技术成交额协同指数（Ⅲ）	区域间技术成交额发展指数（Ⅲ）	区域间技术成交额均衡指数（Ⅲ）
创新经济协同指数（Ⅰ）	创新经济发展指数（Ⅰ）	创新经济均衡指数（Ⅰ）
高新产业协同指数（Ⅱ）	高新产业发展指数（Ⅱ）	高新产业均衡指数（Ⅱ）
高技术产品出口额协同指数（Ⅲ）	高技术产品出口额发展指数（Ⅲ）	高技术产品出口额均衡指数（Ⅲ）

续表

协同指数	发展指数	均衡指数
高新技术企业就业人员协同指数（Ⅲ）	高新技术企业就业人员发展指数（Ⅲ）	高新技术企业就业人员均衡指数（Ⅲ）
规模以上工业企业新产品销售收入协同指数（Ⅲ）	规模以上工业企业新产品销售收入发展指数（Ⅲ）	规模以上工业企业新产品销售收入均衡指数（Ⅲ）
经济发展协同指数（Ⅱ）	经济发展发展指数（Ⅱ）	经济发展均衡指数（Ⅱ）
人均地方财政收入协同指数（Ⅲ）	人均地方财政收入发展指数（Ⅲ）	人均地方财政收入均衡指数（Ⅲ）
综合能耗产出率协同指数（Ⅲ）	综合能耗产出率发展指数（Ⅲ）	综合能耗产出率均衡指数（Ⅲ）
经济成果协同指数（Ⅱ）	经济成果发展指数（Ⅱ）	经济成果均衡指数（Ⅱ）
人均GDP协同指数（Ⅲ）	人均GDP发展指数（Ⅲ）	人均GDP均衡指数（Ⅲ）
居民人均可支配收入协同指数（Ⅲ）	居民人均可支配收入发展指数（Ⅲ）	居民人均可支配收入均衡指数（Ⅲ）

注：表中Ⅰ为一级指数，Ⅱ为二级指数，Ⅲ为三级指数。

四、评价方法

采用指数法对各级指标进行综合。各级评价值均可称作"指数"。京津冀协同指数由发展指数和均衡指数综合而成。综合方法如下。

1. 发展指数计算

发展指数反映的是在协同发展的大背景下，各协同主体的增长情况。发展指数的计算从三级评价指标的无量纲化开始，通过指数法形成三级发展指数：

$$DI_{lij} = \frac{x_{lij}}{x_{lij0}} \times 100\%。 \tag{1-1}$$

式中：x_{lij}为第l个一级指标下第i个二级指标下的第j个基础指标；x_{lij0}为第j个基础指标相应的基期值，由于京津冀协同发展初次提出于2014年，因此将2014年设为基期。

二级发展指数由三级发展指数几何加权综合而成，即：

$$DI_{li} = \prod_{j=1}^{n_i} DI_{lij}^{\frac{1}{\sum\limits_{j=1}^{n_i} w_{lij}}} 。 \quad (1-2)$$

式中：w_{lij} 为各三级发展指数相应的权数；n_i 为第 i 个二级发展指数下设的三级发展指数的个数。

一级发展指数由二级发展指数几何加权综合而成，即：

$$DI_{l} = \prod_{i=1}^{n_l} DI_{li}^{\frac{1}{\sum\limits_{i=1}^{n_l} w_{li}}} 。 \quad (1-3)$$

式中：w_{li} 为各二级发展指数相应的权数；n_l 为第 l 个一级发展指数下设的二级发展指数的个数。

总发展指数由一级发展指数几何加权综合而成，即：

$$DI = \prod_{l=1}^{n} DI_{l}^{\frac{1}{\sum\limits_{l=1}^{n} w_{l}}} 。 \quad (1-4)$$

式中：w_l 为各一级发展指数相应的权数；n 为一级发展指数的个数。

2. 均衡指数计算

均衡指数反映的是在协同发展的大背景下，各协同主体的相对差异的状况。如果各协同主体之间差异逐步缩小，则说明区域协同发展产生了较好的均衡效果。本书采用的均衡指数的计算方式如下所示，三级均衡指数：

$$SI_{lij} = \frac{V_{lij}}{V_{lij0}} \times 100\% ; \quad (1-5)$$

$$V_{lij} = \frac{1}{\frac{\sigma_{lij}}{\bar{x}_{lij}}} \times 100\% 。 \quad (1-6)$$

式中：$\bar{x}_{lij}$ 为第 l 个一级指标下第 i 个二级指标下的第 j 个基础指标的区域平均值；σ_{lij} 为第 j 个基础指标的区域标准差；V_{lij0} 为第 j 个 V_{lij} 相应的基期值（2014年值）。

二级均衡指数由三级均衡指数几何加权综合而成，即：

$$SI_{li} = \prod_{j=1}^{n_i} SI_{lij}^{\frac{1}{\sum\limits_{j=1}^{n_i} w_{lij}}} 。 \quad (1-7)$$

式中：w_{lij} 为各三级均衡指数相应的权数；n_i 为第 i 个二级均衡指数下设的三级均衡指数的个数。

一级均衡指数由二级均衡指数几何加权综合而成，即：

$$SI_l = \prod_{i=1}^{n_l} SI_{li}^{\frac{1}{\sum_{i=1}^{n_l} w_{li}}} \text{。} \qquad (1-8)$$

式中：w_{li} 为各二级均衡指数相应的权数；n_l 为第 l 个一级均衡指数下设的二级均衡指数的个数。

总均衡指数由一级均衡指数加权综合而成，即：

$$SI = \prod_{l=1}^{n} SI_l^{\frac{1}{\sum_{l=1}^{n} w_l}} \text{。} \qquad (1-9)$$

式中：w_l 为各一级均衡指数相应的权数；n 为一级均衡指数的个数。

3. 协同指数计算

协同指数是由发展指数和均衡指数的几何加权综合而成。

三级协同指数由三级发展指数和三级均衡指数几何加权综合而成，即：

$$TI_{lij} = DI_{lij}^{\frac{1}{w_{D_{lij}} + w_{S_{lij}}}} \times SI_{lij}^{\frac{1}{w_{D_{lij}} + w_{S_{lij}}}} \text{。} \qquad (1-10)$$

式中：DI_{lij} 为各三级发展指数，$w_{D_{lij}}$ 为各三级发展指数相应的权数（频数）；SI_{lij} 为各三级均衡指数，$w_{S_{lij}}$ 为各三级均衡指数相应的权数（频数）。

二级协同指数由二级发展指数和二级均衡指数几何加权综合而成，即：

$$TI_{li} = DI_{li}^{\frac{1}{w_{D_{li}} + w_{S_{li}}}} \times SI_{li}^{\frac{1}{w_{D_{li}} + w_{S_{li}}}} \text{。} \qquad (1-11)$$

式中：DI_{li} 为各二级发展指数，$w_{D_{li}}$ 为各二级发展指数相应的权数（频数）；SI_{li} 为各二级均衡指数，$w_{S_{li}}$ 为各二级均衡指数相应的权数（频数）。

一级协同指数由一级发展指数和一级均衡指数几何加权综合而成，即：

$$TI_l = DI_l^{\frac{1}{w_{D_l} + w_{S_l}}} \times SI_l^{\frac{1}{w_{D_l} + w_{S_l}}} \text{。} \qquad (1-12)$$

式中：DI_l 为各一级发展指数，w_{D_l} 为各一级发展指数相应的权数（频数）；SI_l 为各一级均衡指数，w_{S_l} 为各一级均衡指数相应的权数（频数）。

总协同指数由总发展指数和总均衡指数几何加权综合而成，即：

$$TI = DI^{\frac{1}{w_D+w_S}} \times SI^{\frac{1}{w_D+w_S}}。 \qquad (1-13)$$

式中：DI 为总发展指数，w_D 为总发展指数相应的权数（频数）；SI 为总均衡指数，w_S 为总均衡指数相应的权数（频数）。

五、评价参照

京津冀协同创新评价的目标不是评价"水平"，而是通过发展进程和均衡程度来对协同的态势进行评价，即在区域协同创新的大背景下，京津冀三地创新环境是否持续改善了、创新资源是否加快聚集了、创新产业是否错位发展了、经济发展质量是否稳步提升了、人民生活水平是否提高了等。由于京津冀三地在科技、经济、社会、人文等各个方面均存在差异，因此，衡量京津冀协同创新程度一是要看三地与自身比较是否发展了，二是要看在自身发展的基础上，三地之间的差距是否缩小了。只有在发展基础上的均衡，才能说明协同发展了。如果优于基年水平，则说明京津冀协同产生效果；反之，则说明没有产生应有的效果。

本书虽然将长三角作为京津冀的参照，但不是以长三角的规模或水平作为评价标准，而是以一个指标体系的相同起点（2014年）作为参照，比较京津冀和长三角协同发展情况，既衡量两个区域的发展状况，又衡量两个区域的均衡程度。也就是说在同一个起点上，是京津冀各创新主体跑得快，还是长三角各创新主体跑得快；是京津冀三地更均衡发展，还是长三角四地更均衡发展。与长三角相比较，京津冀哪些方面具有优势，哪些方面处于劣势，京津冀如何能赶超长三角。

长三角的市场经济环境已经相当成熟，区域经济发展在全国处于最高水平，特别是沪、苏、浙一市两省之间已经形成了密切联系的纽带。相对而言，京津冀的协同还属于"初级阶段"，和长三角不在同一个起跑线上。基于向先进区域学习的目的，本书将长三角作为参照和标杆，比较谁"跑得快"和谁更趋于"均衡"。

六、数据来源

京津冀协同创新评价指标体系中的所有指标数据均采用官方统计数据，具体指标及数据来源如表1-3所示。

表1-3 京津冀协同创新评价指标及数据来源

序号	指标	计量单位	数据来源
1	客运量	万人	《中国统计年鉴》
2	轨道交通里程	公里	《中国城市建设统计年鉴》
3	国家铁路地区间货物交流量	万吨	《中国统计年鉴》
4	移动互联网用户数	万户	《中国统计年鉴》
5	电子商务销售额	亿元	《中国统计年鉴》
6	邮电业务总量	亿元	《中国统计年鉴》
7	空气达到二级以上天数	天	《中国区域创新能力监测报告》
8	城市污水处理率		《中国城市建设统计年鉴》
9	生活垃圾无害化处理量	万吨	《中国统计年鉴》
10	国家重点实验室和工程技术中心数	个	相关年度报告
11	国家备案众创空间数	个	《中国火炬统计年鉴》
12	国家级科技企业孵化器数	个	《中国火炬统计年鉴》
13	R&D经费内部支出	亿元	《中国科技统计年鉴》
14	R&D人员折合全时当量	人年	《中国科技统计年鉴》
15	地方财政科技支出	亿元	《中国统计年鉴》
16	输出技术成交额	亿元	《中国科技统计年鉴》
17	有效发明专利数	件	《中国科技统计年鉴》
18	区域间技术成交额	亿元	相关各地技术合同网上登记系统
19	高技术产品出口额	亿美元	《中国科技统计年鉴》

续表

序号	指标	计量单位	数据来源
20	高新技术企业就业人员	人	《中国火炬统计年鉴》
21	规模以上工业企业新产品销售收入	亿元	《中国科技统计年鉴》
22	人均地方财政收入	元	《中国统计年鉴》
23	综合能耗产出率	元/千克标准煤	《分省（区、市）万元地区生产总值能耗降低率等指标公报》《中国统计年鉴》
24	人均GDP	元	《中国统计年鉴》
25	居民人均可支配收入	元	《中国统计年鉴》

第二章
京津冀协同创新指数评价结果

评价结果显示，自2014年京津冀协同发展战略实施以来，京津冀协同创新发展取得显著成效，协同创新指数逐年提升，其中，创新环境协同取得显著成效。从区域发展视角看，京津冀创新资源聚集较快，创新成果产出丰硕；从区域均衡视角看，京津冀生态保护齐头并进，发展均衡。从京津冀三地发展情况看，河北发展最快，创新资源快速向河北聚集。从与长三角比较情况看，京津冀协同创新总指数低于长三角，且差距有逐步拉大态势，其中，创新资源协同差距较大，特别在创新成果和创新投入等方面，京津冀发展速度明显低于长三角，发展潜力和提升空间较大。

一、总指数评价

2020年，京津冀协同创新总指数为132.5%，与2014年（基期）相比提升了32.5个百分点；长三角协同创新总指数为151.9%，与2014年相比提升了51.9个百分点；京津冀协同创新总指数低于长三角19.4个百分点（表2-1）。

表2-1 京津冀和长三角协同创新总指数

地区	2014年	2015年	2016年	2017年	2018年	2019年	2020年
京津冀	100.0%	106.6%	112.4%	115.8%	120.2%	125.4%	132.5%
长三角	100.0%	108.8%	115.0%	125.7%	132.2%	145.3%	151.9%

1. 发展指数

2020年，京津冀协同创新发展指数为159.5%，与2014年相比提升了59.5个百分点。分地区看，河北协同创新发展指数最高，达到209.5%，与2014年相比提升了109.5个百分点；北京和天津协同创新发展指数分别为141.9%和136.4%，与2014年相比分别提升了41.9个百分点和36.4个百分点。

2020年，长三角协同创新发展指数为187.5%，与2014年相比提升了87.5个百分点；京津冀协同创新发展指数低于长三角28.0个百分点。分地区看，浙江协同创新发展指数最高，达到217.4%，与2014年相比提升了117.4个百分点；安徽、江苏和上海协同创新发展指数分别为194.5%、179.5%和162.8%，与2014年相比分别提升了94.5个百分点、79.5个百分点和62.8个百分点（表2-2）。

表2-2 京津冀和长三角协同创新发展指数

地区	2014年	2015年	2016年	2017年	2018年	2019年	2020年
京津冀	100.0%	107.7%	115.4%	124.3%	137.1%	149.2%	159.5%
北京	100.0%	106.1%	111.2%	125.0%	131.9%	141.9%	141.9%
天津	100.0%	112.0%	114.6%	113.9%	121.2%	128.1%	136.4%
河北	100.0%	105.1%	120.6%	135.0%	161.2%	182.7%	209.5%
长三角	100.0%	110.0%	119.1%	136.2%	152.5%	172.3%	187.5%
上海	100.0%	106.7%	115.4%	126.3%	142.4%	153.1%	162.8%
江苏	100.0%	106.8%	111.4%	128.4%	143.1%	158.6%	179.5%
浙江	100.0%	116.4%	129.6%	150.2%	171.5%	199.5%	217.4%
安徽	100.0%	110.5%	120.7%	141.4%	154.6%	182.0%	194.5%

2. 均衡指数

2020年，京津冀协同创新均衡指数为110.1%，与2014年相比提升了10.1个百分点；长三角协同创新均衡指数为123.1%，与2014年相比提升了23.1个百分点；京津冀协同创新均衡指数低于长三角13.1个百分点[①]（表2-3）。

[①] 本书中的相关数值是以四舍五入前的统计数据计算得出，结果可能与四舍五入后的数据计算结果存在差异。

表2-3　京津冀和长三角协同创新均衡指数

地区	2014年	2015年	2016年	2017年	2018年	2019年	2020年
京津冀	100.0%	105.5%	109.5%	107.9%	105.3%	105.3%	110.1%
长三角	100.0%	107.7%	111.0%	116.0%	114.6%	122.6%	123.1%

二、一级指标评价

1. 创新环境协同指数

2020年，京津冀创新环境协同指数为137.1%，与2014年相比提升了37.1个百分点；长三角创新环境协同指数为169.4%，与2014年相比提升了69.4个百分点；京津冀创新环境协同指数低于长三角32.3个百分点（表2-4）。

表2-4　京津冀和长三角创新环境协同指数

地区	2014年	2015年	2016年	2017年	2018年	2019年	2020年
京津冀	100.0%	113.4%	117.4%	119.8%	124.9%	132.3%	137.1%
长三角	100.0%	118.5%	119.1%	127.2%	138.9%	157.4%	169.4%

（1）发展指数

2020年，京津冀创新环境发展指数为141.1%，与2014年相比提升了41.1个百分点。分地区看，河北创新环境发展指数最高，达到162.7%，与2014年相比提升了62.7个百分点；天津和北京创新环境发展指数分别为157.7%和109.5%，与2014年相比分别提升了57.7个百分点和9.5个百分点。

2020年，长三角创新环境发展指数为176.1%，与2014年相比提升了76.1个百分点；京津冀创新环境发展指数低于长三角35.0个百分点。分地区看，浙江创新环境发展指数最高，达到216.5%，与2014年相比提升了116.5个百分点；江苏、安徽和上海创新环境发展指数分别为175.1%、165.2%和153.5%，与2014年相比分别提升了75.1个百分点、65.2个百分点和53.5个百分点（表2-5）。

表 2-5 京津冀和长三角创新环境发展指数

地区	2014年	2015年	2016年	2017年	2018年	2019年	2020年
京津冀	100.0%	108.0%	110.5%	120.9%	131.6%	142.2%	141.1%
北京	100.0%	105.3%	104.8%	121.0%	121.1%	125.9%	109.5%
天津	100.0%	113.9%	115.0%	120.6%	136.3%	152.0%	157.7%
河北	100.0%	105.1%	111.9%	121.3%	138.0%	150.3%	162.7%
长三角	100.0%	111.8%	115.6%	129.9%	143.4%	165.6%	176.1%
上海	100.0%	104.1%	109.3%	118.7%	130.1%	146.5%	153.5%
江苏	100.0%	105.1%	104.9%	122.4%	137.5%	156.6%	175.1%
浙江	100.0%	128.7%	140.8%	155.1%	168.2%	202.8%	216.5%
安徽	100.0%	111.1%	110.6%	126.5%	140.6%	161.5%	165.2%

（2）均衡指数

2020年，京津冀创新环境均衡指数为133.2%，与2014年相比提升了33.2个百分点；长三角创新环境均衡指数为163.1%，与2014年相比提升了63.1个百分点；京津冀创新环境均衡指数低于长三角29.9个百分点（表2-6）。

表 2-6 京津冀和长三角创新环境均衡指数

地区	2014年	2015年	2016年	2017年	2018年	2019年	2020年
京津冀	100.0%	119.1%	124.8%	118.6%	118.5%	123.1%	133.2%
长三角	100.0%	125.6%	122.6%	124.6%	134.5%	149.6%	163.1%

2. 创新资源协同指数

2020年，京津冀创新资源协同指数为145.2%，与2014年相比提升了45.2个百分点；长三角创新资源协同指数为171.2%，与2014年相比提升了71.2个百分点；京津冀创新资源协同指数低于长三角26.0个百分点（表2-7）。

表 2-7 京津冀和长三角创新资源协同指数

地区	2014 年	2015 年	2016 年	2017 年	2018 年	2019 年	2020 年
京津冀	100.0%	105.3%	114.3%	112.4%	120.7%	127.4%	145.2%
长三角	100.0%	105.0%	118.4%	139.0%	141.9%	161.6%	171.2%

（1）发展指数

2020 年，京津冀创新资源发展指数为 210.8%，与 2014 年相比提升了 110.8 个百分点。分地区看，河北创新资源发展指数最高，达到 352.9%，与 2014 年相比提升了 252.9 个百分点；北京和天津创新资源发展指数分别为 188.0% 和 141.2%，与 2014 年相比分别提升了 88.0 个百分点和 41.2 个百分点。

2020 年，长三角创新资源发展指数为 250.0%，与 2014 年相比提升了 150.0 个百分点；京津冀创新资源发展指数低于长三角 39.2 个百分点。分地区看，浙江创新资源发展指数最高，达到 301.7%，与 2014 年相比提升了 201.7 个百分点；安徽、江苏和上海创新资源发展指数分别为 269.8%、233.8% 和 205.3%，与 2014 年相比分别提升了 169.8 个百分点、133.8 个百分点和 105.3 个百分点（表 2-8）。

表 2-8 京津冀和长三角创新资源发展指数

地区	2014 年	2015 年	2016 年	2017 年	2018 年	2019 年	2020 年
京津冀	100.0%	110.0%	127.3%	137.8%	158.6%	177.1%	210.8%
北京	100.0%	111.1%	122.9%	143.0%	154.1%	171.3%	188.0%
天津	100.0%	113.5%	117.5%	111.5%	118.6%	121.8%	141.2%
河北	100.0%	105.6%	143.0%	164.3%	218.4%	266.4%	352.9%
长三角	100.0%	110.9%	126.6%	156.5%	183.6%	217.6%	250.0%
上海	100.0%	110.5%	123.1%	139.5%	172.9%	183.6%	205.3%
江苏	100.0%	108.6%	117.5%	145.0%	166.7%	191.6%	233.8%
浙江	100.0%	112.3%	131.2%	171.9%	215.1%	260.0%	301.7%
安徽	100.0%	111.9%	135.3%	172.6%	183.2%	245.2%	269.8%

（2）均衡指数

2020年，京津冀创新资源均衡指数为99.9%，与2014年相比下降了0.1个百分点；长三角创新资源均衡指数为117.2%，与2014年相比提升了17.2个百分点；京津冀创新资源均衡指数低于长三角17.3个百分点（表2-9）。

表2-9 京津冀和长三角创新资源均衡指数

地区	2014年	2015年	2016年	2017年	2018年	2019年	2020年
京津冀	100.0%	100.7%	102.6%	91.6%	91.9%	91.6%	99.9%
长三角	100.0%	99.4%	110.8%	123.4%	109.6%	120.0%	117.2%

3. 创新经济协同指数

2020年，京津冀创新经济协同指数为117.0%，与2014年相比提升了17.0个百分点；长三角创新经济协同指数为120.9%，与2014年相比提升了20.9个百分点；京津冀创新经济协同指数低于长三角3.9个百分点（表2-10）。

表2-10 京津冀和长三角创新经济协同指数

地区	2014年	2015年	2016年	2017年	2018年	2019年	2020年
京津冀	100.0%	101.4%	105.8%	115.5%	115.1%	116.9%	117.0%
长三角	100.0%	103.6%	107.7%	112.4%	117.2%	120.7%	120.9%

（1）发展指数

2020年，京津冀创新经济发展指数为136.3%，与2014年相比提升了36.3个百分点。分地区看，河北创新经济发展指数最高，达到160.2%，与2014年相比提升了60.2个百分点；北京创新经济发展指数为138.8%，与2014年相比提升了38.8个百分点；天津创新经济发展指数为113.9%，与2014年相比提升了13.9个百分点。

2020年，长三角创新经济发展指数为149.7%，与2014年相比提升了49.7个百分点；京津冀创新经济发展指数低于长三角13.4个百分点。分地区看，安徽创新经济发展指数最高，达到165.1%，与2014年相比提升了65.1个百分点；浙江、江苏和上海创新经济发展指数分别为157.3%、141.2%和136.9%，与2014年相比分别提升了57.3个百分点、41.2个百分点和36.9个百分点（表2-11）。

表2-11 京津冀和长三角创新经济发展指数

地区	2014年	2015年	2016年	2017年	2018年	2019年	2020年
京津冀	100.0%	105.1%	109.3%	115.3%	123.4%	131.9%	136.3%
北京	100.0%	102.2%	106.8%	112.9%	122.9%	132.5%	138.8%
天津	100.0%	108.6%	111.4%	109.9%	110.1%	113.6%	113.9%
河北	100.0%	104.5%	109.8%	123.4%	139.0%	152.3%	160.2%
长三角	100.0%	107.4%	115.4%	124.3%	134.6%	142.0%	149.7%
上海	100.0%	105.7%	114.1%	121.7%	128.5%	133.4%	136.9%
江苏	100.0%	106.7%	112.1%	119.3%	127.7%	132.9%	141.2%
浙江	100.0%	109.0%	117.9%	127.1%	139.5%	150.5%	157.3%
安徽	100.0%	108.4%	117.7%	129.6%	143.5%	152.2%	165.1%

（2）均衡指数

2020年，京津冀创新经济均衡指数为100.4%，与2014年相比提升了0.4个百分点；长三角创新经济均衡指数为97.7%，与2014年相比下降了2.3个百分点；京津冀创新经济均衡指数高于长三角2.7个百分点（表2-12）。

表2-12 京津冀和长三角创新经济均衡指数

地区	2014年	2015年	2016年	2017年	2018年	2019年	2020年
京津冀	100.0%	97.9%	102.5%	115.7%	107.3%	103.6%	100.4%
长三角	100.0%	100.0%	100.6%	101.6%	102.0%	102.6%	97.7%

三、二级指标评价

1. 物流交通协同指数

2020年，京津冀物流交通协同指数为81.8%，与2014年相比下降了18.2个百分点；长三角物流交通协同指数为141.3%，与2014年相比提升了41.3个百分点；京津冀物流交通协同指数低于长三角59.5个百分点（表2-13）。

表2-13　京津冀和长三角物流交通协同指数

地区	2014年	2015年	2016年	2017年	2018年	2019年	2020年
京津冀	100.0%	98.7%	93.6%	93.3%	92.5%	89.8%	81.8%
长三角	100.0%	106.2%	108.0%	116.7%	119.8%	139.0%	141.3%

（1）发展指数

2020年，京津冀物流交通发展指数为69.7%，与2014年相比下降了30.3个百分点。分地区看，天津物流交通发展指数最高，达到97.2%，与2014年相比下降了2.8个百分点；河北和北京物流交通发展指数分别为80.9%和43.1%，与2014年相比分别下降了19.1个百分点和56.9个百分点。

2020年，长三角物流交通发展指数为150.3%，与2014年相比提升了50.3个百分点；京津冀物流交通发展指数低于长三角80.6个百分点。分地区看，浙江物流交通发展指数最高，达到275.8%，与2014年相比提升了175.8个百分点；江苏和上海物流交通发展指数分别为154.9%和138.5%，与2014年相比分别提升了54.9个百分点和38.5个百分点；安徽物流交通发展指数为86.4%，与2014年相比下降了13.6个百分点（表2-14）。

表2-14　京津冀和长三角物流交通发展指数

地区	2014年	2015年	2016年	2017年	2018年	2019年	2020年
京津冀	100.0%	93.4%	86.0%	87.3%	88.1%	87.0%	69.7%
北京	100.0%	96.7%	81.7%	83.6%	77.7%	68.7%	43.1%
天津	100.0%	98.6%	97.2%	95.5%	102.1%	111.4%	97.2%

续表

地区	2014年	2015年	2016年	2017年	2018年	2019年	2020年
河北	100.0%	85.3%	80.1%	83.3%	86.3%	85.9%	80.9%
长三角	100.0%	108.8%	109.8%	122.3%	122.2%	149.0%	150.3%
上海	100.0%	104.3%	109.1%	113.2%	121.2%	145.8%	138.5%
江苏	100.0%	95.8%	93.9%	108.4%	117.1%	137.1%	154.9%
浙江	100.0%	162.5%	174.4%	192.3%	187.3%	250.4%	275.8%
安徽	100.0%	86.3%	81.3%	94.8%	83.9%	98.6%	86.4%

（2）均衡指数

2020年，京津冀物流交通均衡指数为95.9%，与2014年相比下降了4.1个百分点；长三角物流交通均衡指数为132.8%，与2014年相比提升了32.8个百分点；京津冀物流交通均衡指数低于长三角36.9个百分点（表2-15）。

表2-15　京津冀和长三角物流交通均衡指数

地区	2014年	2015年	2016年	2017年	2018年	2019年	2020年
京津冀	100.0%	104.3%	101.8%	99.7%	97.0%	92.6%	95.9%
长三角	100.0%	103.7%	106.3%	111.4%	117.4%	129.7%	132.8%

2. 网络信息协同指数

2020年，京津冀网络信息协同指数为162.5%，与2014年相比提升了62.5个百分点；长三角网络信息协同指数为176.0%，与2014年相比提升了76.0个百分点；京津冀网络信息协同指数低于长三角13.5个百分点（表2-16）。

表2-16　京津冀和长三角网络信息协同指数

地区	2014年	2015年	2016年	2017年	2018年	2019年	2020年
京津冀	100.0%	111.2%	114.6%	124.8%	136.1%	146.4%	162.5%
长三角	100.0%	108.3%	107.3%	121.3%	146.7%	163.0%	176.0%

（1）发展指数

2020年，京津冀网络信息发展指数为294.6%，与2014年相比提升了194.6个百分点。分地区看，河北网络信息发展指数最高，达到340.1%，与2014年相比提升了240.1个百分点；天津和北京网络信息发展指数分别为311.1%和241.6%，与2014年相比分别提升了211.1个百分点和141.6个百分点。

2020年，长三角网络信息发展指数为280.0%，与2014年相比提升了180.0个百分点；京津冀网络信息发展指数高于长三角14.6个百分点。分地区看，安徽网络信息发展指数最高，达到369.1%，较2014年提升了269.1个百分点；浙江、江苏和上海网络信息发展指数分别为292.7%、263.1%和216.2%，与2014年相比分别提升了192.7个百分点、163.1个百分点和116.2个百分点（表2-17）。

表2-17 京津冀和长三角网络信息发展指数

地区	2014年	2015年	2016年	2017年	2018年	2019年	2020年
京津冀	100.0%	121.0%	128.0%	160.0%	200.7%	245.6%	294.6%
北京	100.0%	121.9%	123.7%	170.1%	179.6%	220.7%	241.6%
天津	100.0%	136.4%	134.1%	154.2%	210.9%	254.4%	311.1%
河北	100.0%	106.7%	126.3%	156.2%	213.4%	264.0%	340.1%
长三角	100.0%	116.4%	120.8%	150.3%	198.3%	245.5%	280.0%
上海	100.0%	110.1%	116.7%	136.3%	160.4%	189.6%	216.2%
江苏	100.0%	106.8%	103.8%	139.2%	182.7%	224.2%	263.1%
浙江	100.0%	122.3%	133.9%	161.0%	208.3%	265.1%	292.7%
安徽	100.0%	127.7%	131.4%	167.1%	253.3%	322.3%	369.1%

（2）均衡指数

2020年，京津冀网络信息均衡指数为89.6%，与2014年相比下降了10.4个百分点；长三角网络信息均衡指数为110.7%，与2014年相比提升了10.7个百分点；京津冀网络信息均衡指数低于长三角21.1个百分点（表2-18）。

表 2-18 京津冀和长三角网络信息均衡指数

地区	2014年	2015年	2016年	2017年	2018年	2019年	2020年
京津冀	100.0%	102.1%	102.6%	97.3%	92.3%	87.3%	89.6%
长三角	100.0%	100.7%	95.3%	97.8%	108.5%	108.3%	110.7%

3. 生态保护协同指数

2020年，京津冀生态保护协同指数为193.9%，与2014年相比提升了93.9个百分点；长三角生态保护协同指数为195.6%，与2014年相比提升了95.6个百分点；京津冀生态保护协同指数低于长三角1.7个百分点（表2-19）。

表 2-19 京津冀和长三角生态保护协同指数

地区	2014年	2015年	2016年	2017年	2018年	2019年	2020年
京津冀	100.0%	133.1%	151.1%	147.5%	154.8%	176.3%	193.9%
长三角	100.0%	144.7%	145.6%	145.5%	152.5%	172.0%	195.6%

（1）发展指数

2020年，京津冀生态保护发展指数为136.8%，与2014年相比提升了36.8个百分点。分地区看，河北生态保护发展指数最高，达到156.6%，与2014年相比提升56.6个百分点；天津和北京生态保护发展指数分别为129.6%和126.2%，与2014年相比分别提升了29.6个百分点和26.2个百分点。

2020年，长三角生态保护发展指数为129.7%，与2014年相比提升了29.7个百分点；京津冀生态保护发展指数高于长三角7.1个百分点。分地区看，安徽生态保护发展指数最高，达到141.4%，与2014年相比提升了41.4个百分点；江苏、浙江和上海生态保护发展指数分别为131.8%、125.7%和120.8%，与2014年相比分别提升了31.8个百分点、25.7个百分点和20.8个百分点（表2-20）。

表 2-20　京津冀和长三角生态保护发展指数

地区	2014年	2015年	2016年	2017年	2018年	2019年	2020年
京津冀	100.0%	111.5%	122.5%	126.6%	128.8%	134.6%	136.8%
北京	100.0%	98.9%	113.9%	124.4%	127.3%	131.6%	126.2%
天津	100.0%	109.9%	116.6%	119.0%	117.6%	123.8%	129.6%
河北	100.0%	127.6%	138.5%	137.1%	142.7%	149.7%	156.6%
长三角	100.0%	110.4%	116.4%	119.3%	121.7%	124.0%	129.7%
上海	100.0%	98.1%	102.6%	108.4%	113.2%	113.7%	120.8%
江苏	100.0%	113.5%	118.5%	121.4%	121.6%	124.9%	131.8%
浙江	100.0%	107.2%	119.5%	120.5%	121.9%	125.6%	125.7%
安徽	100.0%	124.5%	126.6%	127.7%	130.7%	132.6%	141.4%

（2）均衡指数

2020年，京津冀生态保护均衡指数为274.9%，与2014年相比提升了174.9个百分点；长三角生态保护均衡指数为294.9%，与2014年相比提升了194.9个百分点；京津冀生态保护均衡指数低于长三角20.0个百分点（表2-21）。

表 2-21　京津冀和长三角生态保护均衡指数

地区	2014年	2015年	2016年	2017年	2018年	2019年	2020年
京津冀	100.0%	158.8%	186.2%	171.9%	186.0%	230.9%	274.9%
长三角	100.0%	189.6%	182.0%	177.4%	191.2%	238.5%	294.9%

4. 创新机构协同指数

2020年，京津冀创新机构协同指数为135.0%，与2014年相比提升了35.0个百分点；长三角创新机构协同指数为132.6%，与2014年相比提升了32.6个百分点；京津冀创新机构协同指数高于长三角2.4个百分点（表2-22）。

表 2-22　京津冀和长三角创新机构协同指数

地区	2014年	2015年	2016年	2017年	2018年	2019年	2020年
京津冀	100.0%	102.1%	107.3%	103.7%	103.8%	108.2%	135.0%
长三角	100.0%	102.0%	104.9%	117.0%	115.4%	117.5%	132.6%

（1）发展指数

2020年，京津冀创新机构发展指数为163.1%，与2014年相比提升了63.1个百分点。分地区看，河北创新机构发展指数最高，达到241.5%，与2014年相比提升了141.5个百分点；北京和天津创新机构发展指数分别为143.5%和125.3%，与2014年相比分别提升了43.5个百分点和25.3个百分点。

2020年，长三角创新机构发展指数为177.7%，与2014年相比提升了77.7个百分点；京津冀创新机构发展指数低于长三角14.6个百分点。分地区看，安徽创新机构发展指数最高，达到203.1%，与2014年相比提升103.1个百分点；江苏、浙江和上海创新机构发展指数分别为178.7%、171.2%和160.5%，与2014年相比分别提升了78.7个百分点、71.2个百分点和60.5个百分点（表2-23）。

表 2-23　京津冀和长三角创新机构发展指数

地区	2014年	2015年	2016年	2017年	2018年	2019年	2020年
京津冀	100.0%	106.0%	113.8%	122.1%	121.5%	126.4%	163.1%
北京	100.0%	106.8%	111.7%	127.2%	126.3%	129.5%	143.5%
天津	100.0%	106.3%	109.4%	106.1%	106.8%	105.3%	125.3%
河北	100.0%	104.9%	120.6%	134.8%	133.1%	148.2%	241.5%
长三角	100.0%	104.8%	110.8%	138.4%	136.6%	142.4%	177.7%
上海	100.0%	107.7%	116.1%	143.4%	136.9%	137.7%	160.5%
江苏	100.0%	106.1%	111.5%	140.3%	140.0%	146.0%	178.7%
浙江	100.0%	105.7%	110.3%	134.0%	133.7%	139.8%	171.2%
安徽	100.0%	100.0%	105.6%	135.9%	135.9%	146.4%	203.1%

(2) 均衡指数

2020年，京津冀创新机构均衡指数为111.7%，与2014年相比提升了11.7个百分点；长三角创新机构均衡指数为99.0%，与2014年相比下降了1.0个百分点；京津冀创新机构均衡指数高于长三角12.7个百分点（表2-24）。

表2-24 京津冀和长三角创新机构均衡指数

地区	2014年	2015年	2016年	2017年	2018年	2019年	2020年
京津冀	100.0%	98.4%	101.1%	88.1%	88.6%	92.5%	111.7%
长三角	100.0%	99.3%	99.4%	99.0%	97.5%	97.0%	99.0%

5. 创新投入协同指数

2020年，京津冀创新投入协同指数为107.4%，与2014年相比提升了7.4个百分点；长三角创新投入协同指数为152.4%，与2014年相比提升了52.4个百分点；京津冀创新投入协同指数低于长三角45.0个百分点（表2-25）。

表2-25 京津冀和长三角创新投入协同指数

地区	2014年	2015年	2016年	2017年	2018年	2019年	2020年
京津冀	100.0%	104.3%	111.2%	104.1%	102.5%	102.7%	107.4%
长三角	100.0%	104.8%	123.6%	125.8%	134.2%	145.7%	152.4%

(1) 发展指数

2020年，京津冀创新投入发展指数为136.5%，与2014年相比提升了36.5个百分点。分地区看，河北创新投入发展指数最高，达到170.7%，与2014年相比提升了70.7个百分点；北京创新投入发展指数为154.0%，与2014年相比提升了54.0个百分点；天津创新投入发展指数为96.7%，与2014年相比下降了3.3个百分点。

2020年，长三角创新投入发展指数为182.1%，与2014年相比提升了82.1个百分点；京津冀创新投入发展指数低于长三角45.6个百分点。分地区看，安徽创新投入发展指数最高，达到212.9%，与2014年相比提升了112.9

个百分点；浙江、江苏和上海创新投入发展指数分别为 200.1%、163.3% 和 158.0%，与 2014 年相比分别提升了 100.1 个百分点、63.3 个百分点和 58.0 个百分点（表 2-26）。

表 2-26 京津冀和长三角创新投入发展指数

地区	2014 年	2015 年	2016 年	2017 年	2018 年	2019 年	2020 年
京津冀	100.0%	105.1%	114.2%	115.5%	120.6%	129.2%	136.5%
北京	100.0%	103.6%	106.9%	120.5%	134.3%	151.2%	154.0%
天津	100.0%	110.1%	111.8%	98.5%	96.9%	93.6%	96.7%
河北	100.0%	101.7%	124.4%	129.6%	134.8%	152.4%	170.7%
长三角	100.0%	108.9%	123.2%	134.2%	149.7%	171.2%	182.1%
上海	100.0%	104.8%	120.2%	131.4%	142.1%	145.9%	158.0%
江苏	100.0%	108.9%	115.9%	126.2%	138.2%	155.3%	163.3%
浙江	100.0%	113.1%	121.5%	133.8%	157.9%	193.2%	200.1%
安徽	100.0%	109.0%	136.4%	146.3%	162.2%	196.4%	212.9%

（2）均衡指数

2020 年，京津冀创新投入均衡指数为 84.5%，与 2014 年相比下降了 15.5 个百分点；长三角创新投入均衡指数为 127.6%，与 2014 年相比提升了 27.6 个百分点；京津冀创新投入均衡指数低于长三角 43.1 个百分点（表 2-27）。

表 2-27 京津冀和长三角创新投入均衡指数

地区	2014 年	2015 年	2016 年	2017 年	2018 年	2019 年	2020 年
京津冀	100.0%	103.5%	108.3%	93.8%	87.2%	81.6%	84.5%
长三角	100.0%	100.8%	124.0%	118.0%	120.3%	124.0%	127.6%

6. 创新成果协同指数

2020 年，京津冀创新成果协同指数为 211.0%，与 2014 年相比提升了

111.0个百分点；长三角创新成果协同指数为248.1%，与2014年相比提升了148.1个百分点；京津冀创新成果协同指数低于长三角37.1个百分点（表2-28）。

表2-28　京津冀和长三角创新成果协同指数

地区	2014年	2015年	2016年	2017年	2018年	2019年	2020年
京津冀	100.0%	109.5%	125.3%	131.5%	165.3%	186.1%	211.0%
长三角	100.0%	108.3%	128.1%	182.2%	184.4%	246.5%	248.1%

（1）发展指数

2020年，京津冀创新成果发展指数为420.8%，与2014年相比提升了320.8个百分点。分地区看，河北创新成果发展指数最高，达到1065.7%，与2014年相比提升了965.7个百分点；北京和天津创新成果发展指数分别为300.9%和232.4%，与2014年相比分别提升了200.9个百分点和132.4个百分点。

2020年，长三角创新成果发展指数为483.0%，与2014年相比提升了383.0个百分点；京津冀创新成果发展指数低于长三角62.2个百分点。分地区看，浙江创新成果发展指数最高，达到801.7%，与2014年相比提升了701.7个百分点；安徽、江苏和上海创新成果发展指数分别为454.2%、438.1%和341.1%，与2014年相比分别提升了354.2个百分点、338.1个百分点和241.1个百分点（表2-29）。

表2-29　京津冀和长三角创新成果发展指数

地区	2014年	2015年	2016年	2017年	2018年	2019年	2020年
京津冀	100.0%	119.5%	158.9%	185.8%	272.3%	340.3%	420.8%
北京	100.0%	123.8%	155.5%	190.7%	215.9%	256.8%	300.9%
天津	100.0%	125.0%	132.5%	132.6%	161.1%	183.3%	232.4%
河北	100.0%	110.4%	194.8%	253.7%	580.4%	837.0%	1065.7%
长三角	100.0%	119.3%	148.5%	206.5%	302.5%	422.5%	483.0%
上海	100.0%	119.7%	133.7%	144.0%	265.9%	307.9%	341.1%

续表

地区	2014年	2015年	2016年	2017年	2018年	2019年	2020年
江苏	100.0%	111.0%	125.7%	172.3%	239.6%	310.0%	438.1%
浙江	100.0%	118.5%	168.4%	283.2%	471.9%	650.9%	801.7%
安徽	100.0%	128.8%	172.0%	258.6%	278.7%	513.0%	454.2%

（2）均衡指数

2020年，京津冀创新成果均衡指数为105.8%，与2014年相比提升了5.8个百分点；长三角创新成果均衡指数为127.4%，与2014年相比提升了27.4个百分点；京津冀创新成果均衡指数低于长三角21.6个百分点（表2-30）。

表2-30　京津冀和长三角创新成果均衡指数

地区	2014年	2015年	2016年	2017年	2018年	2019年	2020年
京津冀	100.0%	100.3%	98.7%	93.0%	100.3%	101.8%	105.8%
长三角	100.0%	98.3%	110.4%	160.8%	112.4%	143.8%	127.4%

7. 高新产业协同指数

2020年，京津冀高新产业协同指数为118.8%，与2014年相比提升了18.8个百分点；长三角高新产业协同指数为132.0%，与2014年相比提升了32.0个百分点；京津冀高新产业协同指数低于长三角13.3个百分点（表2-31）。

表2-31　京津冀和长三角高新产业协同指数

地区	2014年	2015年	2016年	2017年	2018年	2019年	2020年
京津冀	100.0%	97.6%	104.4%	129.7%	124.0%	120.6%	118.8%
长三角	100.0%	102.5%	108.2%	115.4%	121.2%	125.1%	132.0%

（1）发展指数

2020年，京津冀高新产业发展指数为135.3%，与2014年相比提升了35.3

个百分点。分地区看，河北高新产业发展指数最高，达到188.1%，与2014年相比提升了88.1个百分点；北京高新产业发展指数为132.9%，与2014年相比提升了32.9个百分点；天津高新产业发展指数为99.2%，与2014年相比下降了0.8个百分点。

2020年，长三角高新产业发展指数为166.1%，与2014年相比提升了66.1个百分点；京津冀高新产业发展指数低于长三角30.7个百分点。分地区看，安徽高新产业发展指数最高，达到211.6%，与2014年相比提升了111.6个百分点；浙江、江苏和上海高新产业发展指数分别为200.4%、146.7%和122.3%，与2014年相比分别提升了100.4个百分点、46.7个百分点和22.3个百分点（表2-32）。

表2-32 京津冀和长三角高新产业发展指数

地区	2014年	2015年	2016年	2017年	2018年	2019年	2020年
京津冀	100.0%	99.6%	99.0%	105.5%	117.8%	127.3%	135.3%
北京	100.0%	89.5%	89.9%	93.3%	105.5%	119.7%	132.9%
天津	100.0%	111.1%	107.3%	102.4%	101.8%	98.2%	99.2%
河北	100.0%	99.3%	100.7%	122.9%	152.3%	175.7%	188.1%
长三角	100.0%	104.5%	112.7%	124.7%	137.5%	145.9%	166.1%
上海	100.0%	97.9%	104.0%	111.8%	114.9%	117.8%	122.3%
江苏	100.0%	102.7%	107.2%	116.0%	125.0%	128.4%	146.7%
浙江	100.0%	109.2%	120.1%	131.5%	150.0%	169.2%	200.4%
安徽	100.0%	108.9%	120.5%	141.8%	166.1%	177.2%	211.6%

（2）均衡指数

2020年，京津冀高新产业均衡指数为104.3%，与2014年相比提升了4.3个百分点；长三角高新产业均衡指数为105.0%，与2014年相比提升了5.0个百分点；京津冀高新产业均衡指数低于长三角0.7个百分点（表2-33）。

表 2-33　京津冀和长三角高新产业均衡指数

地区	2014 年	2015 年	2016 年	2017 年	2018 年	2019 年	2020 年
京津冀	100.0%	95.7%	110.1%	159.6%	130.5%	114.2%	104.3%
长三角	100.0%	100.6%	104.0%	106.8%	106.8%	107.3%	105.0%

8. 经济发展协同指数

2020 年，京津冀经济发展协同指数为 109.6%，与 2014 年相比提升了 9.6 个百分点；长三角经济发展协同指数为 106.3%，与 2014 年相比提升了 6.3 个百分点；京津冀经济发展协同指数高于长三角 3.3 个百分点（表 2-34）。

表 2-34　京津冀和长三角经济发展协同指数

地区	2014 年	2015 年	2016 年	2017 年	2018 年	2019 年	2020 年
京津冀	100.0%	103.3%	105.9%	106.6%	106.6%	110.7%	109.6%
长三角	100.0%	104.0%	106.5%	108.9%	112.9%	114.8%	106.3%

（1）发展指数

2020 年，京津冀经济发展发展指数为 127.3%，与 2014 年相比提升了 27.3 个百分点。分地区看，河北经济发展发展指数最高，达到 144.7%，与 2014 年相比提升了 44.7 个百分点；北京经济发展发展指数为 136.3%，与 2014 年相比提升了 36.3 个百分点；天津经济发展发展指数为 104.6%，与 2014 年相比提升了 4.6 个百分点。

2020 年，长三角经济发展发展指数为 133.1%，与 2014 年相比提升了 33.1 个百分点；京津冀经济发展发展指数低于长三角 5.8 个百分点。分地区看，上海经济发展发展指数最高，达到 141.8%，与 2014 年相比提升了 41.8 个百分点；安徽、浙江和江苏经济发展发展指数分别为 135.1%、130.1% 和 126.0%，与 2014 年相比分别提升了 35.1 个百分点、30.1 个百分点和 26.0 个百分点（表 2-35）。

表 2-35 京津冀和长三角经济发展发展指数

地区	2014年	2015年	2016年	2017年	2018年	2019年	2020年
京津冀	100.0%	108.4%	114.0%	117.3%	120.6%	127.0%	127.3%
北京	100.0%	111.1%	117.8%	124.3%	131.1%	134.8%	136.3%
天津	100.0%	107.1%	110.7%	105.1%	101.0%	108.7%	104.6%
河北	100.0%	107.1%	113.7%	123.4%	132.3%	139.8%	144.7%
长三角	100.0%	109.6%	116.7%	122.2%	130.5%	134.4%	133.1%
上海	100.0%	111.9%	123.0%	128.7%	136.9%	139.9%	141.8%
江苏	100.0%	109.0%	112.1%	115.5%	122.4%	125.3%	126.0%
浙江	100.0%	109.8%	117.1%	124.2%	134.2%	139.8%	130.1%
安徽	100.0%	107.7%	115.0%	120.6%	129.0%	133.1%	135.1%

（2）均衡指数

2020年，京津冀经济发展均衡指数为94.4%，与2014年相比下降了5.6个百分点；长三角经济发展均衡指数为84.9%，与2014年相比下降了15.1个百分点；京津冀经济发展均衡指数高于长三角9.5个百分点（表2-36）。

表 2-36 京津冀和长三角经济发展均衡指数

地区	2014年	2015年	2016年	2017年	2018年	2019年	2020年
京津冀	100.0%	98.4%	98.3%	96.8%	94.2%	96.4%	94.4%
长三角	100.0%	98.8%	97.1%	97.0%	97.7%	98.0%	84.9%

9. 经济成果协同指数

2020年，京津冀经济成果协同指数为122.9%，与2014年相比提升了22.9个百分点；长三角经济成果协同指数为126.1%，与2014年相比提升了26.1个百分点；京津冀经济成果协同指数低于长三角3.2个百分点（表2-37）。

表 2-37 京津冀和长三角经济成果协同指数

地区	2014年	2015年	2016年	2017年	2018年	2019年	2020年
京津冀	100.0%	103.5%	107.3%	111.4%	115.4%	119.7%	122.9%
长三角	100.0%	104.4%	108.5%	113.1%	117.5%	122.3%	126.1%

（1）发展指数

2020年，京津冀经济成果发展指数为147.0%，与2014年相比提升了47.0个百分点。分地区看，河北经济成果发展指数最高，达到151.0%，与2014年相比提升了51.0个百分点；北京和天津经济成果发展指数分别为147.8%和142.4%，与2014年相比分别提升了47.8个百分点和42.4个百分点。

2020年，长三角经济成果发展指数为151.8%，与2014年相比提升了51.8个百分点；京津冀经济成果发展指数低于长三角4.8个百分点。分地区看，安徽经济成果发展指数最高，达到157.6%，与2014年相比提升了57.6个百分点；江苏、浙江和上海经济成果发展指数分别为152.2%、149.4%和148.0%，与2014年相比分别提升了52.2个百分点、49.4个百分点和48.0个百分点（表2-38）。

表 2-38 京津冀和长三角经济成果发展指数

地区	2014年	2015年	2016年	2017年	2018年	2019年	2020年
京津冀	100.0%	107.4%	115.6%	123.8%	132.4%	141.8%	147.0%
北京	100.0%	107.2%	115.1%	124.1%	134.0%	144.2%	147.8%
天津	100.0%	107.6%	116.4%	123.3%	129.7%	137.4%	142.4%
河北	100.0%	107.5%	115.5%	124.0%	133.4%	143.8%	151.0%
长三角	100.0%	108.2%	116.9%	126.2%	135.9%	145.9%	151.8%
上海	100.0%	107.7%	116.2%	125.2%	134.8%	144.1%	148.0%
江苏	100.0%	108.5%	117.2%	126.6%	136.1%	146.0%	152.2%
浙江	100.0%	108.2%	116.4%	125.6%	134.8%	144.1%	149.4%
安徽	100.0%	108.5%	117.5%	127.4%	138.0%	149.4%	157.6%

（2）均衡指数

2020年，京津冀经济成果均衡指数为102.8%，与2014年相比提升了2.8个百分点；长三角经济成果均衡指数为104.7%，与2014年相比提升了4.7个百分点；京津冀经济成果均衡指数低于长三角1.9个百分点（表2-39）。

表2-39 京津冀和长三角经济成果均衡指数

地区	2014年	2015年	2016年	2017年	2018年	2019年	2020年
京津冀	100.0%	99.8%	99.5%	100.3%	100.5%	101.0%	102.8%
长三角	100.0%	100.6%	100.7%	101.3%	101.6%	102.6%	104.7%

四、三级指标评价

1. 客运量协同指数

2020年，京津冀客运量协同指数为66.6%，与2014年相比下降了33.4个百分点；长三角客运量协同指数为61.0%，与2014年相比下降了39.0个百分点；京津冀客运量协同指数高于长三角5.6个百分点（表2-40）。

表2-40 京津冀和长三角客运量协同指数

地区	2014年	2015年	2016年	2017年	2018年	2019年	2020年
京津冀	100.0%	98.7%	98.3%	96.2%	95.3%	93.3%	66.6%
长三角	100.0%	90.2%	89.0%	87.0%	85.2%	84.6%	61.0%

（1）发展指数

2020年，京津冀客运量发展指数为43.1%，与2014年相比下降了56.9个百分点。分地区看，河北客运量发展指数最低，为29.1%，与2014年相比下降了70.9个百分点；天津和北京客运量发展指数分别为57.9%和47.5%，与2014年相比分别下降了42.1个百分点和52.5个百分点。

2020年，长三角客运量发展指数为44.6%，与2014年相比下降了55.4个百分点；京津冀客运量发展指数低于长三角1.5个百分点。分地区看，上海客运量发展指数最高，达到69.3%，与2014年相比下降了30.7个百分点；江苏、浙江和安徽客运量发展指数分别为55.0%、44.6%和23.2%，与2014年相比分别下降了45.0个百分点、55.4个百分点和76.8个百分点（表2-41）。

表2-41　京津冀和长三角客运量发展指数

地区	2014年	2015年	2016年	2017年	2018年	2019年	2020年
京津冀	100.0%	94.7%	92.6%	89.2%	87.7%	88.3%	43.1%
北京	100.0%	96.6%	94.6%	90.5%	90.6%	96.8%	47.5%
天津	100.0%	100.2%	100.4%	95.3%	95.4%	96.6%	57.9%
河北	100.0%	87.7%	83.5%	82.4%	78.0%	73.7%	29.1%
长三角	100.0%	83.8%	81.3%	78.4%	75.1%	75.1%	44.6%
上海	100.0%	104.0%	108.2%	116.3%	119.0%	123.5%	69.3%
江苏	100.0%	89.1%	86.1%	81.7%	77.7%	77.5%	55.0%
浙江	100.0%	85.6%	80.7%	80.3%	75.6%	78.3%	44.6%
安徽	100.0%	62.2%	58.1%	49.5%	45.4%	42.5%	23.2%

（2）均衡指数

2020年，京津冀客运量均衡指数为102.9%，与2014年相比提升了2.9个百分点；长三角客运量均衡指数为83.6%，与2014年相比下降了16.4个百分点；京津冀客运量均衡指数高于长三角19.3个百分点（表2-42）。

表2-42　京津冀和长三角客运量均衡指数

地区	2014年	2015年	2016年	2017年	2018年	2019年	2020年
京津冀	100.0%	102.9%	104.3%	103.8%	103.7%	98.7%	102.9%
长三角	100.0%	97.2%	97.5%	96.5%	96.8%	95.3%	83.6%

2. 轨道交通里程协同指数

2020年，京津冀轨道交通里程协同指数为135.1%，与2014年相比提升了

35.1个百分点；长三角轨道交通里程协同指数为292.5%，与2014年相比提升了192.5个百分点；京津冀轨道交通里程协同指数低于长三角157.4个百分点（表2-43）。

表2-43 京津冀和长三角轨道交通里程协同指数

地区	2014年	2015年	2016年	2017年	2018年	2019年	2020年
京津冀	100.0%	99.9%	105.3%	105.3%	112.7%	114.8%	135.1%
长三角	100.0%	144.6%	148.3%	189.1%	188.8%	241.2%	292.5%

（1）发展指数

2020年，京津冀轨道交通里程发展指数为165.9%，与2014年相比提升了65.9个百分点。分地区看，河北轨道交通里程发展指数最高，达到204.0%，与2014年相比提升了104.0个百分点；天津和北京轨道交通里程发展指数分别为162.3%和138.0%，与2014年相比分别提升了62.3个百分点和38.0个百分点。

2020年，长三角轨道交通里程发展指数为445.2%，与2014年相比提升了345.2个百分点；京津冀轨道交通里程发展指数低于长三角279.3个百分点。分地区看，浙江轨道交通里程发展指数最高，达到2431.9%，与2014年相比提升了2331.9个百分点；安徽、江苏和上海轨道交通里程发展指数分别为459.7%、267.9%和131.2%，与2014年相比分别提升了359.7个百分点、167.9个百分点和31.2个百分点（表2-44）。

表2-44 京津冀和长三角轨道交通里程发展指数

地区	2014年	2015年	2016年	2017年	2018年	2019年	2020年
京津冀	100.0%	101.7%	108.8%	111.2%	121.2%	131.8%	165.9%
北京	100.0%	105.1%	108.9%	115.4%	120.9%	144.5%	138.0%
天津	100.0%	100.0%	118.3%	119.2%	147.1%	158.0%	162.3%
河北	100.0%	100.0%	100.0%	100.0%	100.0%	100.3%	204.0%
长三角	100.0%	170.9%	175.3%	256.5%	260.4%	349.6%	445.2%

续表

地区	2014年	2015年	2016年	2017年	2018年	2019年	2020年
上海	100.0%	112.0%	112.0%	122.0%	129.5%	129.4%	131.2%
江苏	100.0%	118.9%	112.4%	187.7%	187.7%	217.6%	267.9%
浙江	100.0%	640.8%	749.7%	884.0%	884.0%	1450.3%	2431.9%
安徽	100.0%	100.0%	100.0%	213.9%	213.9%	365.9%	459.7%

（2）均衡指数

2020年，京津冀轨道交通里程均衡指数为110.0%，与2014年相比提升了10.0个百分点；长三角轨道交通里程均衡指数为192.2%，与2014年相比提升了92.2个百分点；京津冀轨道交通里程均衡指数低于长三角82.2个百分点（表2-45）。

表2-45 京津冀和长三角轨道交通里程均衡指数

地区	2014年	2015年	2016年	2017年	2018年	2019年	2020年
京津冀	100.0%	98.1%	101.9%	99.8%	104.8%	100.0%	110.0%
长三角	100.0%	122.4%	125.5%	139.4%	136.8%	166.4%	192.2%

3.国家铁路地区间货物交流量协同指数

2020年，京津冀国家铁路地区间货物交流量（以下简称"区域间货物交流量"）协同指数为60.8%，与2014年相比下降了39.2个百分点；长三角区域间货物交流量协同指数为158.0%，与2014年相比提升了58.0个百分点；京津冀区域间货物交流量协同指数低于长三角97.2个百分点（表2-46）。

表2-46 京津冀和长三角区域间货物交流量协同指数

地区	2014年	2015年	2016年	2017年	2018年	2019年	2020年
京津冀	100.0%	97.5%	79.1%	80.1%	73.6%	67.5%	60.8%
长三角	100.0%	91.8%	95.5%	96.7%	106.8%	131.7%	158.0%

（1）发展指数

2020年，京津冀区域间货物交流量发展指数为47.3%，与2014年相比下降52.7个百分点。分地区看，北京区域间货物交流量发展指数最低，为12.2%，与2014年相比下降了87.8个百分点；河北和天津区域间货物交流量发展指数分别为89.3%和97.6%，与2014年相比分别下降了10.7个百分点和2.4个百分点。

2020年，长三角区域间货物交流量发展指数为171.2%，与2014年相比提升了71.2个百分点；京津冀区域间货物交流量发展指数低于长三角123.9个百分点。分地区看，上海区域间货物交流量发展指数最高，达到291.8%，与2014年相比提升了191.8个百分点；江苏和浙江区域间货物交流量发展指数分别为252.3%和193.4%，与2014年相比分别提升了152.3个百分点和93.4个百分点；安徽区域间货物交流量发展指数为60.4%，与2014年相比下降了39.6个百分点（表2-47）。

表2-47 京津冀和长三角区域间货物交流量发展指数

地区	2014年	2015年	2016年	2017年	2018年	2019年	2020年
京津冀	100.0%	84.5%	63.2%	67.0%	64.5%	56.5%	47.3%
北京	100.0%	89.1%	53.0%	56.1%	42.8%	23.2%	12.2%
天津	100.0%	95.8%	77.3%	76.7%	75.8%	90.6%	97.6%
河北	100.0%	70.8%	61.5%	70.1%	82.5%	85.9%	89.3%
长三角	100.0%	89.9%	92.8%	91.0%	93.4%	126.1%	171.2%
上海	100.0%	97.4%	107.2%	102.4%	115.4%	193.8%	291.8%
江苏	100.0%	83.1%	85.5%	83.1%	110.2%	152.9%	252.3%
浙江	100.0%	78.2%	87.6%	100.1%	98.3%	138.3%	193.4%
安徽	100.0%	103.3%	92.4%	80.4%	60.8%	61.7%	60.4%

（2）均衡指数

2020年，京津冀区域间货物交流量均衡指数为78.0%，与2014年相比下降了22.0个百分点；长三角区域间货物交流量均衡指数为145.8%，与2014

年相比提升了45.8个百分点；京津冀区域间货物交流量均衡指数低于长三角67.8个百分点（表2-48）。

表2-48 京津冀和长三角区域间货物交流量均衡指数

地区	2014年	2015年	2016年	2017年	2018年	2019年	2020年
京津冀	100.0%	112.5%	99.1%	95.6%	84.0%	80.6%	78.0%
长三角	100.0%	93.8%	98.3%	102.9%	122.2%	137.6%	145.8%

4. 移动互联网用户数协同指数

2020年，京津冀移动互联网用户数协同指数为117.5%，与2014年相比提升了17.5个百分点；长三角移动互联网用户数协同指数为131.9%，与2014年相比提升了31.9个百分点；京津冀移动互联网用户数协同指数低于长三角14.4个百分点（表2-49）。

表2-49 京津冀和长三角移动互联网用户数协同指数

地区	2014年	2015年	2016年	2017年	2018年	2019年	2020年
京津冀	100.0%	109.1%	115.8%	129.2%	116.1%	117.4%	117.5%
长三角	100.0%	111.6%	115.4%	124.2%	123.9%	126.4%	131.9%

（1）发展指数

2020年，京津冀移动互联网用户数发展指数为156.4%，与2014年相比提升了56.4个百分点。分地区看，天津移动互联网用户数发展指数最高，达到184.8%，与2014年相比提升了84.8个百分点；河北和北京移动互联网用户数发展指数分别为176.1%和117.5%，与2014年相比分别提升了76.1个百分点和17.5个百分点。

2020年，长三角移动互联网用户数发展指数为144.0%，与2014年相比提升了44.0个百分点；京津冀移动互联网用户数发展指数高于长三角12.4个百分点。分地区看，安徽移动互联网用户数发展指数最高，达到187.8%，与2014年相比提升了87.8个百分点；江苏、浙江和上海移动互联网用户数发展指数分别为132.8%、131.3%和131.3%，与2014年相比分别提升了32.8个百分点、31.3个百分点和31.3个百分点（表2-50）。

表2-50 京津冀和长三角移动互联网用户数发展指数

地区	2014年	2015年	2016年	2017年	2018年	2019年	2020年
京津冀	100.0%	116.4%	135.1%	160.9%	147.3%	153.9%	156.4%
北京	100.0%	116.7%	129.0%	166.6%	118.2%	118.1%	117.5%
天津	100.0%	118.9%	139.7%	162.5%	167.9%	180.1%	184.8%
河北	100.0%	113.7%	136.8%	154.0%	161.3%	171.4%	176.1%
长三角	100.0%	112.2%	122.7%	147.0%	134.4%	140.7%	144.0%
上海	100.0%	100.3%	103.9%	132.4%	118.3%	124.8%	131.3%
江苏	100.0%	106.0%	117.2%	145.9%	125.8%	133.2%	132.8%
浙江	100.0%	108.4%	118.7%	139.1%	127.4%	131.4%	131.3%
安徽	100.0%	137.6%	156.6%	173.9%	172.2%	179.5%	187.8%

（2）均衡指数

2020年，京津冀移动互联网用户数均衡指数为88.3%，与2014年相比下降了11.7个百分点；长三角移动互联网用户数均衡指数为120.8%，与2014年相比提升了20.8个百分点；京津冀移动互联网用户数均衡指数低于长三角32.5个百分点（表2-51）。

表2-51 京津冀和长三角移动互联网用户数均衡指数

地区	2014年	2015年	2016年	2017年	2018年	2019年	2020年
京津冀	100.0%	102.3%	99.3%	103.7%	91.5%	89.5%	88.3%
长三角	100.0%	111.0%	108.5%	105.0%	114.1%	113.6%	120.8%

5. 电子商务销售额协同指数

2020年，京津冀电子商务销售额协同指数为154.7%，与2014年相比提升了 54.7 个百分点；长三角电子商务销售额协同指数为 175.6%，与 2014 年相比提升了 75.6 个百分点；京津冀电子商务销售额协同指数低于长三角 20.9 个百分点（表 2-52）。

表 2-52　京津冀和长三角电子商务销售额协同指数

地区	2014 年	2015 年	2016 年	2017 年	2018 年	2019 年	2020 年
京津冀	100.0%	111.0%	125.2%	116.8%	123.7%	126.2%	154.7%
长三角	100.0%	102.2%	106.3%	118.2%	147.8%	161.8%	175.6%

（1）发展指数

2020 年，京津冀电子商务销售额发展指数为 258.5%，与 2014 年相比提升了 158.5 个百分点。分地区看，北京电子商务销售额发展指数最高，达到 286.6%，与 2014 年相比提升了 186.6 个百分点；河北和天津电子商务销售额发展指数分别为 270.1% 和 223.1%，与 2014 年相比分别提升了 170.1 个百分点和 123.1 个百分点。

2020 年，长三角电子商务销售额发展指数为 234.9%，与 2014 年相比提升了 134.9 个百分点；京津冀电子商务销售额发展指数高于长三角 23.6 个百分点。分地区看，安徽电子商务销售额发展指数最高，达到 297.9%，与 2014 年相比提升了 197.9 个百分点；浙江、江苏和上海电子商务销售额发展指数分别为 254.5%、211.5% 和 190.0%，与 2014 年相比分别提升了 154.5 个百分点、111.5 个百分点和 90.0 个百分点（表 2-53）。

表 2-53　京津冀和长三角电子商务销售额发展指数

地区	2014 年	2015 年	2016 年	2017 年	2018 年	2019 年	2020 年
京津冀	100.0%	118.6%	145.6%	160.4%	171.8%	192.6%	258.5%
北京	100.0%	116.8%	133.4%	204.0%	202.6%	257.8%	286.6%
天津	100.0%	161.8%	155.9%	135.1%	159.6%	165.7%	223.1%
河北	100.0%	88.4%	148.3%	149.8%	156.8%	167.3%	270.1%
长三角	100.0%	104.0%	121.6%	130.7%	169.9%	201.8%	234.9%

续表

地区	2014年	2015年	2016年	2017年	2018年	2019年	2020年
上海	100.0%	103.6%	129.0%	123.4%	140.0%	164.5%	190.0%
江苏	100.0%	83.3%	85.8%	105.5%	138.9%	158.4%	211.5%
浙江	100.0%	117.2%	143.7%	143.4%	185.7%	241.0%	254.5%
安徽	100.0%	115.9%	137.3%	156.5%	230.7%	264.2%	297.9%

（2）均衡指数

2020年，京津冀电子商务销售额均衡指数为92.5%，与2014年相比下降了7.5个百分点；长三角电子商务销售额均衡指数为131.2%，与2014年相比提升了31.2个百分点；京津冀电子商务销售额均衡指数低于长三角38.7个百分点（表2-54）。

表2-54　京津冀和长三角电子商务销售额均衡指数

地区	2014年	2015年	2016年	2017年	2018年	2019年	2020年
京津冀	100.0%	103.8%	107.7%	85.0%	89.0%	82.7%	92.5%
长三角	100.0%	100.3%	93.0%	106.8%	128.6%	129.8%	131.2%

6. 邮电业务总量协同指数

2020年，京津冀邮电业务总量协同指数为236.0%，与2014年相比提升了136.0个百分点；长三角邮电业务总量协同指数为235.4%，与2014年相比提升了135.4个百分点；京津冀邮电业务总量协同指数高于长三角0.6个百分点（表2-55）。

表2-55　京津冀和长三角邮电业务总量协同指数

地区	2014年	2015年	2016年	2017年	2018年	2019年	2020年
京津冀	100.0%	113.4%	103.7%	128.8%	175.7%	211.9%	236.0%
长三角	100.0%	111.3%	100.7%	121.4%	172.3%	211.8%	235.4%

(1) 发展指数

2020年，京津冀邮电业务总量发展指数为632.4%，与2014年相比提升了532.4个百分点。分地区看，河北邮电业务总量发展指数最高，达到826.8%，与2014年相比提升了726.8个百分点；天津和北京邮电业务总量发展指数分别为730.3%和418.9%，与2014年相比分别提升了630.3个百分点和318.9个百分点。

2020年，长三角邮电业务总量发展指数为648.7%，与2014年相比提升了548.7个百分点；京津冀邮电业务总量发展指数低于长三角16.2个百分点。分地区看，安徽邮电业务总量发展指数最高，达到898.7%，与2014年相比提升了798.7个百分点；浙江、江苏和上海邮电业务总量发展指数分别为750.1%、648.0%和405.3%，与2014年相比分别提升了650.1个百分点、548.0个百分点和305.3个百分点（表2-56）。

表2-56 京津冀和长三角邮电业务总量发展指数

地区	2014年	2015年	2016年	2017年	2018年	2019年	2020年
京津冀	100.0%	128.4%	106.5%	158.8%	319.3%	500.0%	632.4%
北京	100.0%	132.8%	110.0%	145.0%	242.0%	353.1%	418.9%
天津	100.0%	131.8%	110.7%	167.0%	350.2%	551.5%	730.3%
河北	100.0%	120.9%	99.3%	165.4%	384.0%	641.9%	826.8%
长三角	100.0%	135.2%	118.3%	176.8%	341.4%	521.0%	648.7%
上海	100.0%	128.5%	118.6%	155.1%	249.1%	332.3%	405.3%
江苏	100.0%	137.9%	111.3%	175.4%	349.0%	534.0%	648.0%
浙江	100.0%	144.1%	140.7%	209.4%	382.0%	588.1%	750.1%
安徽	100.0%	130.7%	105.5%	171.4%	409.1%	705.9%	898.7%

(2) 均衡指数

2020年，京津冀邮电业务总量均衡指数为88.1%，与2014年相比下降了11.9个百分点；长三角邮电业务总量均衡指数为85.4%，与2014年相比下降了 14.6 个百分点；京津冀邮电业务总量均衡指数高于长三角 2.7 个百分点（表 2-57）。

表 2-57　京津冀和长三角邮电业务总量均衡指数

地区	2014 年	2015 年	2016 年	2017 年	2018 年	2019 年	2020 年
京津冀	100.0%	100.3%	101.0%	104.4%	96.6%	89.8%	88.1%
长三角	100.0%	91.7%	85.7%	83.4%	86.9%	86.1%	85.4%

7. 空气达到二级以上天数协同指数

2020 年，京津冀空气达到二级以上天数协同指数为 270.2%，与 2014 年相比提升了 170.2 个百分点；长三角空气达到二级以上天数协同指数为 241.7%，与 2014 年相比提升了 141.7 个百分点；京津冀空气达到二级以上天数协同指数高于长三角 28.5 个百分点（表 2-58）。

表 2-58　京津冀和长三角空气达到二级以上天数协同指数

地区	2014 年	2015 年	2016 年	2017 年	2018 年	2019 年	2020 年
京津冀	100.0%	189.9%	221.0%	207.2%	228.2%	257.5%	270.2%
长三角	100.0%	248.9%	214.5%	172.4%	183.3%	171.0%	241.7%

（1）发展指数

2020 年，京津冀空气达到二级以上天数发展指数为 179.3%，与 2014 年相比提升了 79.3 个百分点。分地区看，河北空气达到二级以上天数发展指数最高，达到 250.8%，与 2014 年相比提升了 150.8 个百分点；北京和天津空气达到二级以上天数发展指数分别为 164.3% 和 140.0%，与 2014 年相比分别提升了 64.3 个百分点和 40.0 个百分点。

2020 年，长三角空气达到二级以上天数发展指数为 153.3%，与 2014 年相比提升了 53.3 个百分点；京津冀空气达到二级以上天数发展指数高于长三角 26.0 个百分点。分地区看，安徽空气达到二级以上天数发展指数最高，达到 195.6%，与 2014 年相比提升了 95.6 个百分点；江苏、浙江和上海空气达到二级以上天数发展指数分别为157.0%、156.9%和114.7%，与2014年相比分别提升了57.0个百分点、56.9个百分点和14.7个百分点（表2-59）。

表2-59　京津冀和长三角空气达到二级以上天数发展指数

地区	2014年	2015年	2016年	2017年	2018年	2019年	2020年
京津冀	100.0%	135.1%	144.6%	145.3%	146.9%	156.9%	179.3%
北京	100.0%	110.7%	117.9%	134.5%	135.1%	142.9%	164.3%
天津	100.0%	123.4%	129.1%	119.4%	118.3%	125.1%	140.0%
河北	100.0%	180.4%	198.6%	190.8%	198.4%	216.2%	250.8%
长三角	100.0%	125.3%	135.5%	130.7%	136.0%	139.7%	153.3%
上海	100.0%	90.6%	99.3%	98.9%	106.1%	111.2%	114.7%
江苏	100.0%	132.8%	139.7%	134.4%	135.7%	139.1%	157.0%
浙江	100.0%	112.8%	141.3%	141.1%	143.0%	148.8%	156.9%
安徽	100.0%	181.5%	171.8%	155.5%	166.1%	165.4%	195.6%

（2）均衡指数

2020年，京津冀空气达到二级以上天数均衡指数为407.2%，与2014年相比提升了307.2个百分点；长三角空气达到二级以上天数均衡指数为381.0%，与2014年相比提升了281.0个百分点；京津冀空气达到二级以上天数均衡指数高于长三角26.2个百分点（表2-60）。

表2-60　京津冀和长三角空气达到二级以上天数均衡指数

地区	2014年	2015年	2016年	2017年	2018年	2019年	2020年
京津冀	100.0%	266.9%	337.9%	295.4%	354.6%	422.4%	407.2%
长三角	100.0%	494.3%	339.7%	227.3%	247.0%	209.2%	381.0%

8. 城市污水处理率协同指数

2020年，京津冀城市污水处理率协同指数为212.7%，与2014年相比提升了 112.7 个百分点；长三角城市污水处理率协同指数为 259.1%，与 2014 年相比提升了 159.1 个百分点；京津冀城市污水处理率协同指数低于长三角 46.4 个百分点（表 2-61）。

表 2-61 京津冀和长三角城市污水处理率协同指数

地区	2014 年	2015 年	2016 年	2017 年	2018 年	2019 年	2020 年
京津冀	100.0%	115.0%	138.1%	130.7%	138.5%	174.3%	212.7%
长三角	100.0%	121.3%	139.3%	159.2%	168.7%	261.7%	259.1%

（1）发展指数

2020 年，京津冀城市污水处理率发展指数为 107.1%，与 2014 年相比提升了 7.1 个百分点。分地区看，北京城市污水处理率发展指数最高，达到 112.1%，与 2014 年相比提升了 12.1 个百分点；天津和河北城市污水处理率发展指数分别为 105.9% 和 103.6%，与 2014 年相比分别提升了 5.9 个百分点和 3.6 个百分点。

2020 年，长三角城市污水处理率发展指数为 105.0%，与 2014 年相比提升了 5.0 个百分点；京津冀城市污水处理率发展指数高于长三角 2.1 个百分点。分地区看，上海城市污水处理率发展指数最高，达到 107.8%，与 2014 年相比提升了 7.8 个百分点；浙江、江苏和安徽城市污水处理率发展指数分别为 107.7%、103.6% 和 101.3%，与 2014 年相比分别提升了 7.7 个百分点、3.6 个百分点和 1.3 个百分点（表 2-62）。

表 2-62 京津冀和长三角城市污水处理率发展指数

地区	2014 年	2015 年	2016 年	2017 年	2018 年	2019 年	2020 年
京津冀	100.0%	101.2%	102.2%	105.8%	106.8%	107.9%	107.1%
北京	100.0%	102.7%	105.2%	113.3%	114.5%	115.3%	112.1%
天津	100.0%	100.5%	101.2%	101.7%	103.0%	105.4%	105.9%
河北	100.0%	100.3%	100.4%	102.9%	103.3%	103.5%	103.6%
长三角	100.0%	101.4%	102.8%	103.3%	103.9%	104.4%	105.0%

续表

地区	2014年	2015年	2016年	2017年	2018年	2019年	2020年
上海	100.0%	103.5%	105.1%	105.3%	106.1%	107.3%	107.8%
江苏	100.0%	100.4%	101.2%	101.9%	102.2%	102.8%	103.6%
浙江	100.0%	101.4%	103.5%	104.7%	105.6%	106.9%	107.7%
安徽	100.0%	100.5%	101.2%	101.1%	101.5%	100.9%	101.3%

（2）均衡指数

2020年，京津冀城市污水处理率均衡指数为422.3%，与2014年相比提升了322.3个百分点；长三角城市污水处理率均衡指数为639.0%，与2014年相比提升了539.0个百分点；京津冀城市污水处理率均衡指数低于长三角216.7个百分点（表2-63）。

表2-63　京津冀和长三角城市污水处理率均衡指数

地区	2014年	2015年	2016年	2017年	2018年	2019年	2020年
京津冀	100.0%	130.6%	186.5%	161.5%	179.7%	281.4%	422.3%
长三角	100.0%	145.0%	188.9%	245.6%	273.9%	655.5%	639.0%

9. 生活垃圾无害化处理量协同指数

2020年，京津冀生活垃圾无害化处理量协同指数为126.9%，与2014年相比提升了26.9个百分点；长三角生活垃圾无害化处理量协同指数为119.5%，与2014年相比提升了19.5个百分点；京津冀生活垃圾无害化处理量协同指数高于长三角7.4个百分点（表2-64）。

表2-64　京津冀和长三角生活垃圾无害化处理量协同指数

地区	2014年	2015年	2016年	2017年	2018年	2019年	2020年
京津冀	100.0%	107.9%	113.0%	118.6%	117.3%	122.1%	126.9%
长三角	100.0%	100.4%	103.3%	112.2%	114.8%	113.7%	119.5%

(1) 发展指数

2020年,京津冀生活垃圾无害化处理量发展指数为133.3%,与2014年相比提升了33.3个百分点。分地区看,河北生活垃圾无害化处理量发展指数最高,达到147.8%,与2014年相比提升了47.8个百分点;天津和北京生活垃圾无害化处理量发展指数分别为146.9%和109.1%,与2014年相比分别提升了46.9个百分点和9.1个百分点。

2020年,长三角生活垃圾无害化处理量发展指数为135.6%,与2014年相比提升了35.6个百分点;京津冀生活垃圾无害化处理量发展指数低于长三角2.3个百分点。分地区看,安徽生活垃圾无害化处理量发展指数最高,达到142.9%,与2014年相比提升了42.9个百分点;上海、江苏和浙江生活垃圾无害化处理量发展指数分别为142.7%、141.0%和117.6%,与2014年相比分别提升了42.7个百分点、41.0个百分点和17.6个百分点(表2-65)。

表2-65 京津冀和长三角生活垃圾无害化处理量发展指数

地区	2014年	2015年	2016年	2017年	2018年	2019年	2020年
京津冀	100.0%	101.5%	124.5%	132.1%	136.2%	144.0%	133.3%
北京	100.0%	85.2%	119.2%	126.4%	133.4%	138.3%	109.1%
天津	100.0%	107.0%	121.4%	138.8%	133.4%	143.9%	146.9%
河北	100.0%	114.8%	133.3%	131.2%	141.8%	150.0%	147.8%
长三角	100.0%	105.9%	113.4%	125.7%	127.6%	130.8%	135.6%
上海	100.0%	100.8%	103.4%	122.1%	129.0%	123.4%	142.7%
江苏	100.0%	109.7%	117.7%	130.7%	129.5%	136.4%	141.0%
浙江	100.0%	107.6%	116.6%	118.4%	120.0%	124.5%	117.6%
安徽	100.0%	105.9%	116.7%	132.3%	132.3%	139.7%	142.9%

(2) 均衡指数

2020年,京津冀生活垃圾无害化处理量均衡指数为120.8%,与2014年相比提升了20.8个百分点;长三角生活垃圾无害化处理量均衡指数为105.4%,与2014年相比提升了5.4个百分点;京津冀生活垃圾无害化处理量均衡指数高于长三角 15.4 个百分点（表 2-66）。

表 2-66　京津冀和长三角生活垃圾无害化处理量均衡指数

地区	2014 年	2015 年	2016 年	2017 年	2018 年	2019 年	2020 年
京津冀	100.0%	114.8%	102.5%	106.5%	101.0%	103.6%	120.8%
长三角	100.0%	95.1%	94.0%	100.0%	103.3%	98.9%	105.4%

10. 国家重点实验室和工程技术中心数协同指数

2020 年，京津冀国家重点实验室和工程技术中心数协同指数为 142.1%，与 2014 年相比提升了 42.1 个百分点；长三角国家重点实验室和工程技术中心数协同指数为 121.1%，与 2014 年相比提升了 21.1 个百分点；京津冀国家重点实验室和工程技术中心数协同指数高于长三角 21.0 个百分点（表 2-67）。

表 2-67　京津冀和长三角国家重点实验室和工程技术中心数协同指数

地区	2014 年	2015 年	2016 年	2017 年	2018 年	2019 年	2020 年
京津冀	100.0%	99.9%	104.9%	104.9%	104.9%	104.9%	142.1%
长三角	100.0%	100.0%	99.8%	99.8%	99.8%	99.8%	121.1%

（1）发展指数

2020 年，京津冀国家重点实验室和工程技术中心数发展指数为 181.4%，与 2014 年相比提升了 81.4 个百分点。分地区看，河北国家重点实验室和工程技术中心数发展指数最高，达到 320.0%，与 2014 年相比提升了 220.0 个百分点；天津国家重点实验室和工程技术中心数发展指数为 150.0%，与 2014 年相比提升了 50.0 个百分点；北京国家重点实验室和工程技术中心数发展指数为 124.3%，与 2014 年相比提升了 24.3 个百分点。

2020 年，长三角国家重点实验室和工程技术中心数发展指数为 136.1%，与 2014 年相比提升 36.1 个百分点；京津冀国家重点实验室和工程技术中心数发展指数高于长三角 45.3 个百分点。分地区看，安徽国家重点实验室和工程技术中心数发展指数最高，达到 180.0%，与 2014 年相比提升了 80.0 个百分点；江苏、上海和浙江国家重点实验室和工程技术中心数发展指数分别为 128.6%、126.4% 和 117.4%，与 2014 年相比分别提升了 28.6 个百分点、26.4 个百分点和 17.4 个百分点（表 2-68）。

表 2-68　京津冀和长三角国家重点实验室和工程技术中心数发展指数

地区	2014 年	2015 年	2016 年	2017 年	2018 年	2019 年	2020 年
京津冀	100.0%	99.5%	107.2%	107.2%	107.2%	107.2%	181.4%
北京	100.0%	98.6%	96.6%	96.6%	96.6%	96.6%	124.3%
天津	100.0%	100.0%	106.3%	106.3%	106.3%	106.3%	150.0%
河北	100.0%	100.0%	120.0%	120.0%	120.0%	120.0%	320.0%
长三角	100.0%	100.0%	100.5%	100.5%	100.5%	100.5%	136.1%
上海	100.0%	100.0%	101.9%	101.9%	101.9%	101.9%	126.4%
江苏	100.0%	100.0%	100.0%	100.0%	100.0%	100.0%	128.6%
浙江	100.0%	100.0%	100.0%	100.0%	100.0%	100.0%	117.4%
安徽	100.0%	100.0%	100.0%	100.0%	100.0%	100.0%	180.0%

（2）均衡指数

2020 年，京津冀国家重点实验室和工程技术中心数均衡指数为 111.3%，与 2014 年相比提升了 11.3 个百分点；长三角国家重点实验室和工程技术中心数均衡指数为 107.8%，与 2014 年相比提升了 7.8 个百分点；京津冀国家重点实验室和工程技术中心数均衡指数高于长三角 3.5 个百分点（表 2-69）。

表 2-69　京津冀和长三角国家重点实验室和工程技术中心数均衡指数

地区	2014 年	2015 年	2016 年	2017 年	2018 年	2019 年	2020 年
京津冀	100.0%	100.3%	102.7%	102.7%	102.7%	102.7%	111.3%
长三角	100.0%	100.0%	99.2%	99.2%	99.2%	99.2%	107.8%

11. 国家备案众创空间数协同指数

2020 年,京津冀国家备案众创空间数协同指数为 111.8%,与 2015 年(基期)相比提升了 11.8 个百分点;长三角国家备案众创空间数协同指数为 126.4%,与 2015 年相比提升了 26.4 个百分点;京津冀国家备案众创空间数协同指数低于长三角 14.7 个百分点(表 2-70)。

表 2-70 京津冀和长三角国家备案众创空间数协同指数

地区	2015 年	2016 年	2017 年	2018 年	2019 年	2020 年
京津冀	100.0%	100.0%	88.9%	88.8%	86.5%	111.8%
长三角	100.0%	100.0%	126.3%	122.5%	115.7%	126.4%

(1)发展指数

2020 年,京津冀国家备案众创空间数发展指数为 125.9%,与 2015 年相比提升了 25.9 个百分点。分地区看,河北国家备案众创空间数发展指数最高,达到 143.1%,与 2015 年相比提升了 43.1 个百分点;北京国家备案众创空间数发展指数为 124.3%,与 2015 年相比提升了 24.3 个百分点;天津国家备案众创空间数发展指数为 112.3%,与 2015 年相比提升了 12.3 个百分点。

2020 年,长三角国家备案众创空间数发展指数为 194.9%,与 2015 年相比提升了 94.9 个百分点;京津冀国家备案众创空间数发展指数低于长三角 69.0 个百分点。分地区看,江苏国家备案众创空间数发展指数最高,达到 230.9%,与 2015 年相比提升了 130.9 个百分点;安徽、浙江和上海国家备案众创空间数发展指数分别为 208.3%、200.0% 和 150.0%,与 2015 年相比分别提升了 108.3 个百分点、100.0 个百分点和 50.0 个百分点(表 2-71)。

表 2-71 京津冀和长三角国家备案众创空间数发展指数

地区	2015 年	2016 年	2017 年	2018 年	2019 年	2020 年
京津冀	100.0%	100.0%	117.7%	114.2%	110.2%	125.9%
北京	100.0%	100.0%	134.2%	128.8%	125.2%	124.3%
天津	100.0%	100.0%	105.5%	104.1%	100.0%	112.3%
河北	100.0%	100.0%	115.3%	111.1%	106.9%	143.1%

续表

地区	2015年	2016年	2017年	2018年	2019年	2020年
长三角	100.0%	100.0%	167.7%	163.1%	154.1%	194.9%
上海	100.0%	100.0%	165.2%	150.0%	130.4%	150.0%
江苏	100.0%	100.0%	179.8%	178.7%	176.6%	230.9%
浙江	100.0%	100.0%	155.8%	154.5%	146.8%	200.0%
安徽	100.0%	100.0%	170.8%	170.8%	166.7%	208.3%

（2）均衡指数

2020年，京津冀国家备案众创空间数均衡指数为99.2%，与2015年相比下降了0.8个百分点；长三角国家备案众创空间数均衡指数为82.0%，与2015年相比下降了18.0个百分点；京津冀国家备案众创空间数均衡指数高于长三角17.1个百分点（表2-72）。

表2-72 京津冀和长三角国家备案众创空间数均衡指数

地区	2015年	2016年	2017年	2018年	2019年	2020年
京津冀	100.0%	100.0%	67.2%	69.1%	67.8%	99.2%
长三角	100.0%	100.0%	95.1%	92.0%	86.9%	82.0%

12. 国家级科技企业孵化器数协同指数

2020年，京津冀国家级科技企业孵化器数协同指数为154.8%，与2014年相比提升了54.8个百分点；长三角国家级科技企业孵化器数协同指数为152.3%，与2014年相比提升了52.3个百分点；京津冀国家级科技企业孵化器数协同指数高于长三角2.5个百分点（表2-73）。

表2-73 京津冀和长三角国家级科技企业孵化器数协同指数

地区	2014年	2015年	2016年	2017年	2018年	2019年	2020年
京津冀	100.0%	106.6%	117.7%	119.5%	120.0%	139.5%	154.8%
长三角	100.0%	106.2%	115.7%	127.1%	125.8%	140.5%	152.3%

(1) 发展指数

2020年，京津冀国家级科技企业孵化器数发展指数为190.0%，与2014年相比提升了90.0个百分点。分地区看，河北国家级科技企业孵化器数发展指数最高，达到307.7%，与2014年相比提升了207.7个百分点；北京和天津国家级科技企业孵化器数发展指数分别为191.2%和116.7%，与2014年相比分别提升了91.2个百分点和16.7个百分点。

2020年，长三角国家级科技企业孵化器数发展指数为211.4%，与2014年相比提升了111.4个百分点；京津冀国家级科技企业孵化器数发展指数低于长三角21.4个百分点。分地区看，安徽国家级科技企业孵化器数发展指数最高，达到223.5%，与2014年相比提升了123.5个百分点；上海、浙江和江苏国家级科技企业孵化器数发展指数分别为217.9%、213.6%和192.1%，与2014年相比分别提升了117.9个百分点、113.6个百分点和92.1个百分点（表2-74）。

表2-74 京津冀和长三角国家级科技企业孵化器数发展指数

地区	2014年	2015年	2016年	2017年	2018年	2019年	2020年
京津冀	100.0%	119.6%	137.5%	144.2%	146.6%	171.1%	190.0%
北京	100.0%	123.5%	144.1%	158.8%	161.8%	179.4%	191.2%
天津	100.0%	120.0%	123.3%	106.7%	110.0%	110.0%	116.7%
河北	100.0%	115.4%	146.2%	176.9%	176.9%	253.8%	307.7%
长三角	100.0%	115.2%	135.4%	157.2%	155.6%	186.7%	211.4%
上海	100.0%	125.0%	153.6%	175.0%	167.9%	196.4%	217.9%
江苏	100.0%	119.3%	138.6%	153.5%	153.5%	176.3%	192.1%
浙江	100.0%	118.2%	134.1%	154.5%	154.5%	186.4%	213.6%
安徽	100.0%	100.0%	117.6%	147.1%	147.1%	188.2%	223.5%

(2) 均衡指数

2020年，京津冀国家级科技企业孵化器数均衡指数为126.1%，与2014年相比提升了26.1个百分点；长三角国家级科技企业孵化器数均衡指数为109.7%，与2014年相比提升了9.7个百分点；京津冀国家级科技企业孵化器数均衡指数高于长三角 16.5 个百分点（表 2-75）。

表 2-75 京津冀和长三角国家级科技企业孵化器数均衡指数

地区	2014 年	2015 年	2016 年	2017 年	2018 年	2019 年	2020 年
京津冀	100.0%	95.0%	100.7%	99.0%	98.2%	113.8%	126.1%
长三角	100.0%	97.9%	98.9%	102.8%	101.7%	105.7%	109.7%

13. R&D 经费内部支出协同指数

2020 年，京津冀 R&D 经费内部支出协同指数为 115.3%，与 2014 年相比提升了 15.3 个百分点；长三角 R&D 经费内部支出协同指数为 150.7%，与 2014 年相比提升了 50.7 个百分点；京津冀 R&D 经费内部支出协同指数低于长三角 35.4 个百分点（表 2-76）。

表 2-76 京津冀和长三角 R&D 经费内部支出协同指数

地区	2014 年	2015 年	2016 年	2017 年	2018 年	2019 年	2020 年
京津冀	100.0%	105.7%	109.5%	108.0%	110.8%	110.1%	115.3%
长三角	100.0%	105.1%	110.4%	120.2%	129.7%	140.6%	150.7%

（1）发展指数

2020 年，京津冀 R&D 经费内部支出发展指数为 157.1%，与 2014 年相比提升了 57.1 个百分点。分地区看，河北 R&D 经费内部支出发展指数最高，达到 202.6%，与 2014 年相比提升了 102.6 个百分点；北京 R&D 经费内部支出发展指数为 183.4%，与 2014 年相比提升了 83.4 个百分点；天津 R&D 经费内部支出发展指数为 104.4%，与 2014 年相比提升了 4.4 个百分点。

2020 年，长三角 R&D 经费内部支出发展指数为 199.0%，与 2014 年相比提升了 99.0 个百分点；京津冀 R&D 经费内部支出发展指数低于长三角 41.9 个百分点。分地区看，安徽 R&D 经费内部支出发展指数最高，达到 224.4%，与 2014 年相比提升了 124.4 个百分点；浙江、上海和江苏 R&D 经费内部支出发展指数分别为 204.9%、187.4% 和 181.9%，与 2014 年相比分别提升了 104.9 个百分点、87.4 个百分点和 81.9 个百分点（表 2-77）。

表 2-77 京津冀和长三角 R&D 经费内部支出发展指数

地区	2014年	2015年	2016年	2017年	2018年	2019年	2020年
京津冀	100.0%	110.3%	118.3%	121.1%	135.6%	147.0%	157.1%
北京	100.0%	109.1%	117.0%	124.5%	147.4%	176.0%	183.4%
天津	100.0%	109.8%	115.6%	98.7%	106.0%	99.6%	104.4%
河北	100.0%	112.1%	122.5%	144.4%	159.6%	181.0%	202.6%
长三角	100.0%	109.7%	122.4%	139.9%	158.3%	179.9%	199.0%
上海	100.0%	108.6%	121.7%	139.8%	157.7%	176.9%	187.4%
江苏	100.0%	109.0%	122.6%	136.7%	151.5%	168.2%	181.9%
浙江	100.0%	111.4%	124.5%	139.5%	159.2%	183.9%	204.9%
安徽	100.0%	109.7%	120.7%	143.5%	164.9%	191.6%	224.4%

（2）均衡指数

2020年，京津冀R&D经费内部支出均衡指数为84.6%，与2014年相比下降了15.4个百分点；长三角R&D经费内部支出均衡指数为114.1%，与2014年相比提升了14.1个百分点；京津冀R&D经费内部支出均衡指数低于长三角29.5个百分点（表2-78）。

表 2-78 京津冀和长三角 R&D 经费内部支出均衡指数

地区	2014年	2015年	2016年	2017年	2018年	2019年	2020年
京津冀	100.0%	101.3%	101.2%	96.3%	90.5%	82.4%	84.6%
长三角	100.0%	100.8%	99.6%	103.2%	106.3%	109.9%	114.1%

14. R&D 人员折合全时当量协同指数

2020年，京津冀R&D人员折合全时当量协同指数为89.5%，与2014年相比下降了10.5个百分点；长三角R&D人员折合全时当量协同指数为123.5%，与2014年相比提升了23.5个百分点；京津冀R&D人员折合全时当量协同指数低于长三角34.1个百分点（表2-79）。

表 2-79 京津冀和长三角 R&D 人员折合全时当量协同指数

地区	2014年	2015年	2016年	2017年	2018年	2019年	2020年
京津冀	100.0%	107.5%	106.0%	97.0%	92.1%	87.9%	89.5%
长三角	100.0%	101.7%	103.7%	104.8%	108.7%	115.1%	123.5%

（1）发展指数

2020 年，京津冀 R&D 人员折合全时当量发展指数为 110.7%，与 2014 年相比提升了 10.7 个百分点。分地区看，北京 R&D 人员折合全时当量发展指数最高，达到 137.0%，与 2014 年相比提升了 37.0 个百分点；河北 R&D 人员折合全时当量发展指数为 123.9%，与 2014 年相比提升了 23.9 个百分点；天津 R&D 人员折合全时当量发展指数为 80.0%，与 2014 年相比下降了 20.0 个百分点。

2020 年，长三角 R&D 人员折合全时当量发展指数为 147.5%，与 2014 年相比提升了 47.5 个百分点；京津冀 R&D 人员折合全时当量发展指数低于长三角 36.7 个百分点。分地区看，浙江 R&D 人员折合全时当量发展指数最高，达到 172.3%，与 2014 年相比提升了 72.3 个百分点；安徽、上海和江苏 R&D 人员折合全时当量发展指数分别为 150.5%、135.9% 和 134.1%，与 2014 年相比分别提升了 50.5 个百分点、35.9 个百分点和 34.1 个百分点（表 2-80）。

表 2-80 京津冀和长三角 R&D 人员折合全时当量发展指数

地区	2014年	2015年	2016年	2017年	2018年	2019年	2020年
京津冀	100.0%	105.2%	106.3%	103.9%	99.3%	105.0%	110.7%
北京	100.0%	100.1%	103.2%	110.0%	108.9%	128.0%	137.0%
天津	100.0%	109.7%	105.3%	91.0%	87.8%	81.6%	80.0%
河北	100.0%	106.0%	110.3%	112.1%	102.3%	110.8%	123.9%
长三角	100.0%	104.4%	108.6%	111.8%	117.9%	134.0%	147.5%
上海	100.0%	102.2%	109.4%	109.1%	111.9%	118.1%	135.9%
江苏	100.0%	104.3%	108.9%	112.3%	112.3%	127.4%	134.1%

续表

地区	2014年	2015年	2016年	2017年	2018年	2019年	2020年
浙江	100.0%	107.8%	111.3%	117.6%	135.4%	158.0%	172.3%
安徽	100.0%	103.3%	105.0%	108.6%	113.8%	135.6%	150.5%

（2）均衡指数

2020年，京津冀R&D人员折合全时当量均衡指数为72.3%，与2014年相比下降了27.7个百分点；长三角R&D人员折合全时当量均衡指数为103.5%，与2014年相比提升了3.5个百分点；京津冀R&D人员折合全时当量均衡指数低于长三角31.2个百分点（表2-81）。

表2-81　京津冀和长三角R&D人员折合全时当量均衡指数

地区	2014年	2015年	2016年	2017年	2018年	2019年	2020年
京津冀	100.0%	109.9%	105.7%	90.6%	85.4%	73.6%	72.3%
长三角	100.0%	99.1%	99.1%	98.1%	100.1%	98.9%	103.5%

15. 地方财政科技支出协同指数

2020年，京津冀地方财政科技支出协同指数为120.1%，与2014年相比提升了20.1个百分点；长三角地方财政科技支出协同指数为190.2%，与2014年相比提升了90.2个百分点；京津冀地方财政科技支出协同指数低于长三角70.1个百分点（表2-82）。

表2-82　京津冀和长三角地方财政科技支出协同指数

地区	2014年	2015年	2016年	2017年	2018年	2019年	2020年
京津冀	100.0%	99.8%	118.5%	107.6%	105.7%	111.9%	120.1%
长三角	100.0%	107.6%	165.0%	158.3%	171.5%	191.2%	190.2%

（1）发展指数

2020年，京津冀地方财政科技支出发展指数为146.2%，与2014年相比提升了 46.2 个百分点。分地区看，河北地方财政科技支出发展指数最高，达到 198.3%，与 2014 年相比提升了 98.3 个百分点；北京和天津地方财政科技支出发展指数分别为 145.4% 和 108.4%，与 2014 年相比分别提升了 45.4 个百分点和 8.4 个百分点。

2020 年，长三角地方财政科技支出发展指数为 205.8%，与 2014 年相比提升了 105.8 个百分点；京津冀地方财政科技支出发展指数低于长三角 59.6 个百分点。分地区看，安徽地方财政科技支出发展指数最高，达到 285.5%，与 2014 年相比提升了 185.5 个百分点；浙江、江苏和上海地方财政科技支出发展指数分别为 227.0%、178.7% 和 154.9%，与 2014 年相比分别提升了 127.0 个百分点、78.7 个百分点和 54.9 个百分点（表 2-83）。

表 2-83 京津冀和长三角地方财政科技支出发展指数

地区	2014 年	2015 年	2016 年	2017 年	2018 年	2019 年	2020 年
京津冀	100.0%	100.0%	118.3%	122.4%	130.3%	139.8%	146.2%
北京	100.0%	101.8%	101.1%	128.0%	150.6%	153.3%	145.4%
天津	100.0%	110.8%	114.8%	106.4%	97.9%	100.9%	108.4%
河北	100.0%	88.7%	142.6%	134.6%	150.1%	176.7%	198.3%
长三角	100.0%	112.9%	140.8%	154.5%	179.9%	208.2%	205.8%
上海	100.0%	103.6%	130.3%	148.7%	162.6%	148.5%	154.9%
江苏	100.0%	113.7%	116.5%	130.8%	155.1%	174.9%	178.7%
浙江	100.0%	120.6%	129.4%	145.9%	182.5%	248.1%	227.0%
安徽	100.0%	114.2%	200.2%	201.0%	227.5%	291.7%	285.5%

（2）均衡指数

2020 年，京津冀地方财政科技支出均衡指数为 98.6%，与 2014 年相比下降了 1.4 个百分点；长三角地方财政科技支出均衡指数为 175.8%，与 2014 年相比提升了 75.8 个百分点；京津冀地方财政科技支出均衡指数低于长三角 77.2 个百分点（表 2-84）。

表 2-84　京津冀和长三角地方财政科技支出均衡指数

地区	2014 年	2015 年	2016 年	2017 年	2018 年	2019 年	2020 年
京津冀	100.0%	99.6%	118.8%	94.6%	85.7%	89.5%	98.6%
长三角	100.0%	102.5%	193.4%	162.1%	163.5%	175.6%	175.8%

16. 输出技术成交额协同指数

2020 年，京津冀输出技术成交额协同指数为 238.4%，与 2014 年相比提升了 138.4 个百分点；长三角输出技术成交额协同指数为 299.8%，与 2014 年相比提升了 199.8 个百分点；京津冀输出技术成交额协同指数低于长三角 61.4 个百分点（表 2-85）。

表 2-85　京津冀和长三角输出技术成交额协同指数

地区	2014 年	2015 年	2016 年	2017 年	2018 年	2019 年	2020 年
京津冀	100.0%	113.4%	125.7%	136.4%	180.2%	208.6%	238.4%
长三角	100.0%	105.5%	129.1%	156.4%	194.0%	242.1%	299.8%

（1）发展指数

2020 年，京津冀输出技术成交额发展指数为 475.1%，与 2014 年相比提升了 375.1 个百分点。分地区看，河北输出技术成交额发展指数最高，达到 1899.1%，与 2014 年相比提升了 1799.1 个百分点；天津和北京输出技术成交额发展指数分别为 280.4% 和 201.3%，与 2014 年相比分别提升了 180.4 个百分点和 101.3 个百分点。

2020 年，长三角输出技术成交额发展指数为 503.3%，与 2014 年相比提升了 403.3 个百分点；京津冀输出技术成交额发展指数低于长三角 28.2 个百分点。分地区看，浙江输出技术成交额发展指数最高，达到 1608.3%，与 2014 年相比提升了 1508.3 个百分点；安徽、江苏和上海输出技术成交额发展指数分别为 388.4%、384.4% 和 267.2%，与 2014 年相比分别提升了 288.4 个百分点、284.4 个百分点和 167.2 个百分点（表 2-86）。

表 2-86　京津冀和长三角输出技术成交额发展指数

地区	2014 年	2015 年	2016 年	2017 年	2018 年	2019 年	2020 年
京津冀	100.0%	124.5%	153.4%	183.5%	297.5%	381.2%	475.1%
北京	100.0%	110.1%	125.6%	143.0%	158.0%	181.5%	201.3%
天津	100.0%	129.6%	142.2%	141.9%	176.4%	234.0%	280.4%
河北	100.0%	135.3%	201.9%	304.3%	944.4%	1304.4%	1899.1%
长三角	100.0%	110.5%	145.6%	181.0%	263.7%	363.8%	503.3%
上海	100.0%	112.0%	131.8%	136.8%	206.8%	240.1%	267.2%
江苏	100.0%	105.5%	117.0%	143.3%	182.5%	270.9%	384.4%
浙江	100.0%	112.4%	227.4%	372.2%	677.0%	1017.7%	1608.3%
安徽	100.0%	112.2%	128.0%	147.0%	189.2%	264.7%	388.4%

（2）均衡指数

2020 年，京津冀输出技术成交额均衡指数为 119.6%，与 2014 年相比提升了 19.6 个百分点；长三角输出技术成交额均衡指数为 178.6%，与 2014 年相比提升了 78.6 个百分点；京津冀输出技术成交额均衡指数低于长三角 59.0 个百分点（表 2-87）。

表 2-87　京津冀和长三角输出技术成交额均衡指数

地区	2014 年	2015 年	2016 年	2017 年	2018 年	2019 年	2020 年
京津冀	100.0%	103.2%	103.0%	101.5%	109.2%	114.1%	119.6%
长三角	100.0%	100.8%	114.4%	135.2%	142.8%	161.1%	178.6%

17. 有效发明专利数协同指数

2020 年，京津冀有效发明专利数协同指数为 176.2%，与 2014 年相比提升了 76.2 个百分点；长三角有效发明专利数协同指数为 210.6%，与 2014 年相比提升了 110.6 个百分点；京津冀有效发明专利数协同指数低于长三角 34.5 个百分点（表 2-88）。

表 2-88　京津冀和长三角有效发明专利数协同指数

地区	2014年	2015年	2016年	2017年	2018年	2019年	2020年
京津冀	100.0%	114.0%	127.6%	146.0%	155.9%	165.0%	176.2%
长三角	100.0%	119.9%	140.7%	153.2%	171.3%	188.8%	210.6%

（1）发展指数

2020年，京津冀有效发明专利数发展指数为316.1%，与2014年相比提升了216.1个百分点。分地区看，河北有效发明专利数发展指数最高，达到376.6%，与2014年相比提升了276.6个百分点；北京和天津有效发明专利数发展指数为323.8%和258.9%，与2014年相比提升了223.8个百分点和158.9个百分点。

2020年，长三角有效发明专利数发展指数为383.9%，与2014年相比提升了283.9个百分点；京津冀有效发明专利数发展指数低于长三角67.9个百分点。分地区看，安徽有效发明专利数发展指数为616.0%，与2014年相比提升了516.0个百分点；浙江、江苏和上海有效发明专利数发展指数分别为380.7%、359.6%和257.6%，与2014年相比分别提升了280.7个百分点、259.6个百分点和157.6个百分点（表2-89）。

表 2-89　京津冀和长三角有效发明专利数发展指数

地区	2014年	2015年	2016年	2017年	2018年	2019年	2020年
京津冀	100.0%	129.7%	162.6%	208.9%	240.6%	274.1%	316.1%
北京	100.0%	128.4%	160.9%	198.1%	232.8%	274.3%	323.8%
天津	100.0%	125.5%	153.8%	194.1%	217.6%	235.7%	258.9%
河北	100.0%	135.4%	173.8%	237.1%	275.1%	318.4%	376.6%
长三角	100.0%	139.9%	184.8%	223.1%	269.0%	315.3%	383.9%
上海	100.0%	123.8%	150.5%	177.7%	203.4%	229.6%	257.6%
江苏	100.0%	139.5%	181.1%	221.9%	261.8%	299.3%	359.6%
浙江	100.0%	135.4%	174.3%	209.8%	254.9%	306.4%	380.7%

续表

地区	2014年	2015年	2016年	2017年	2018年	2019年	2020年
安徽	100.0%	163.6%	245.3%	299.5%	385.7%	469.4%	616.0%

（2）均衡指数

2020年，京津冀有效发明专利数均衡指数为98.2%，与2014年相比下降了1.8个百分点；长三角有效发明专利数均衡指数为115.6%，与2014年相比提升了15.6个百分点；京津冀有效发明专利数均衡指数低于长三角17.4个百分点（表2-90）。

表2-90 京津冀和长三角有效发明专利数均衡指数

地区	2014年	2015年	2016年	2017年	2018年	2019年	2020年
京津冀	100.0%	100.3%	100.2%	102.1%	101.0%	99.3%	98.2%
长三角	100.0%	102.8%	107.1%	105.2%	109.1%	113.1%	115.6%

18. 区域间技术成交额协同指数

2020年，京津冀区域间技术成交额协同指数为223.8%，与2014年相比提升了123.8个百分点；长三角区域间技术成交额协同指数为241.8%，与2014年相比提升了141.8个百分点；京津冀区域间技术成交额协同指数低于长三角18.0个百分点（表2-91）。

表2-91 京津冀和长三角区域间技术成交额协同指数

地区	2014年	2015年	2016年	2017年	2018年	2019年	2020年
京津冀	100.0%	101.5%	122.5%	114.0%	160.7%	187.3%	223.8%
长三角	100.0%	100.3%	115.7%	252.4%	188.6%	327.7%	241.8%

（1）发展指数

2020年，京津冀区域间技术成交额发展指数为496.3%，与2014年相比提升了396.3个百分点。分地区看，河北区域间技术成交额发展指数最高，达到

1692.0%，与2014年相比提升了1592.0个百分点；北京和天津区域间技术成交额发展指数分别为417.8%和172.9%，与2014年相比分别提升了317.8个百分点和72.9个百分点。

2020年，长三角区域间技术成交额发展指数为583.1%，与2014年相比提升了483.1个百分点；京津冀区域间技术成交额发展指数低于长三角86.8个百分点。分地区看，浙江区域间技术成交额发展指数最高，达到841.5%，与2014年相比提升了741.5个百分点；江苏、上海和安徽区域间技术成交额发展指数分别为608.4%、576.3%和391.7%，与2014年相比分别提升了508.4个百分点、476.3个百分点和291.7个百分点（表2-92）。

表2-92　京津冀和长三角区域间技术成交额发展指数

地区	2014年	2015年	2016年	2017年	2018年	2019年	2020年
京津冀	100.0%	105.8%	161.0%	167.4%	282.0%	377.0%	496.3%
北京	100.0%	134.1%	186.0%	244.7%	273.4%	340.0%	417.8%
天津	100.0%	120.2%	106.4%	84.7%	109.0%	111.6%	172.9%
河北	100.0%	73.4%	210.7%	226.3%	752.6%	1411.9%	1692.0%
长三角	100.0%	109.9%	121.9%	218.0%	390.4%	657.6%	583.1%
上海	100.0%	123.6%	120.6%	122.9%	446.7%	529.7%	576.3%
江苏	100.0%	93%	93.7%	160.8%	287.8%	367.5%	608.4%
浙江	100.0%	109.2%	120.6%	290.9%	609.1%	884.1%	841.5%
安徽	100.0%	116.4%	162.0%	392.8%	296.7%	1086.2%	391.7%

（2）均衡指数

2020年，京津冀区域间技术成交额均衡指数为100.9%，与2014年相比提升了0.9个百分点；长三角区域间技术成交额均衡指数为100.3%，与2014年相比提升了0.3个百分点；京津冀区域间技术成交额均衡指数高于长三角0.6个百分点（表2-93）。

表 2-93　京津冀和长三角区域间技术成交额均衡指数

地区	2014年	2015年	2016年	2017年	2018年	2019年	2020年
京津冀	100.0%	97.5%	93.2%	77.7%	91.6%	93.0%	100.9%
长三角	100.0%	91.5%	109.8%	292.2%	91.1%	163.3%	100.3%

19. 高技术产品出口额协同指数

2020年，京津冀高技术产品出口额协同指数为94.1%，与2014年相比下降了5.9个百分点；长三角高技术产品出口额协同指数为126.1%，与2014年相比提升了26.1个百分点；京津冀高技术产品出口额协同指数低于长三角32.0个百分点（表2-94）。

表 2-94　京津冀和长三角高技术产品出口额协同指数

地区	2014年	2015年	2016年	2017年	2018年	2019年	2020年
京津冀	100.0%	90.1%	80.9%	84.0%	96.7%	97.0%	94.1%
长三角	100.0%	102.1%	99.5%	106.1%	113.1%	115.9%	126.1%

（1）发展指数

2020年，京津冀高技术产品出口额发展指数为90.5%，与2014年相比下降了9.5个百分点。分地区看，河北高技术产品出口额发展指数最高，达到111.3%，与2014年相比提升了11.3个百分点；北京高技术产品出口额发展指数为105.4%，与2014年相比提升了5.4个百分点；天津高技术产品出口额发展指数为63.1%，与2014年相比下降了36.9个百分点。

2020年，长三角高技术产品出口额发展指数为143.5%，与2014年相比提升了43.5个百分点；京津冀高技术产品出口额发展指数低于长三角53.0个百分点。分地区看，安徽高技术产品出口额发展指数最高，达到209.4%，与2014年相比提升了109.4个百分点；浙江和江苏高技术产品出口额发展指数分别为189.0%和114.2%，与2014年相比分别提升了89.0个百分点和14.2个百分点；上海高技术产品出口额发展指数为93.8%，与2014年相比下降了6.2个百分点（表2-95）。

表 2-95　京津冀和长三角高技术产品出口额发展指数

地区	2014年	2015年	2016年	2017年	2018年	2019年	2020年
京津冀	100.0%	85.9%	68.4%	73.2%	87.0%	85.3%	90.5%
北京	100.0%	74.9%	60.4%	60.4%	80.2%	84.0%	105.4%
天津	100.0%	98.9%	76.9%	81.7%	79.3%	66.7%	63.1%
河北	100.0%	85.8%	68.8%	79.5%	103.7%	110.7%	111.3%
长三角	100.0%	103.6%	96.1%	111.6%	126.3%	128.2%	143.5%
上海	100.0%	95.7%	88.8%	94.9%	97.1%	91.9%	93.8%
江苏	100.0%	101.3%	90.4%	107.2%	117.8%	111.5%	114.2%
浙江	100.0%	108.4%	108.7%	120.3%	136.0%	150.2%	189.0%
安徽	100.0%	109.4%	97.9%	126.5%	163.8%	175.4%	209.4%

（2）均衡指数

2020年，京津冀高技术产品出口额均衡指数为97.9%，与2014年相比下降了2.1个百分点；长三角高技术产品出口额均衡指数为110.8%，与2014年相比提升了10.8个百分点；京津冀高技术产品出口额均衡指数低于长三角12.8个百分点（表2-96）。

表 2-96　京津冀和长三角高技术产品出口额均衡指数

地区	2014年	2015年	2016年	2017年	2018年	2019年	2020年
京津冀	100.0%	94.5%	95.8%	96.5%	107.4%	110.3%	97.9%
长三角	100.0%	100.6%	102.9%	100.8%	101.2%	104.9%	110.8%

20. 高新技术企业就业人员协同指数

2020年，京津冀高新技术企业就业人员协同指数为171.0%，与2014年相比提升了71.0个百分点；长三角高新技术企业就业人员协同指数为142.0%，与2014年相比提升了42.0个百分点；京津冀高新技术企业就业人员协同指数高于长三角29.1个百分点（表2-97）。

表 2-97 京津冀和长三角高新技术企业就业人员协同指数

地区	2014年	2015年	2016年	2017年	2018年	2019年	2020年
京津冀	100.0%	111.8%	122.1%	138.2%	154.2%	163.0%	171.0%
长三角	100.0%	105.4%	114.4%	119.1%	126.1%	134.0%	142.0%

（1）发展指数

2020年，京津冀高新技术企业就业人员发展指数为222.6%，与2014年相比提升了122.6个百分点。分地区看，河北高新技术企业就业人员发展指数最高，达到277.3%，与2014年相比提升了177.3个百分点；天津和北京高新技术企业就业人员发展指数分别为224.8%和176.9%，与2014年相比分别提升了124.8个百分点和76.9个百分点。

2020年，长三角高新技术企业就业人员发展指数为190.5%，与2014年相比提升了90.5个百分点；京津冀高新技术企业就业人员发展指数高于长三角32.0个百分点。分地区看，浙江高新技术企业就业人员发展指数最高，达到248.3%，与2014年相比提升了148.3个百分点；安徽、江苏和上海高新技术企业就业人员发展指数分别为198.2%、165.1%和162.3%，与2014年相比分别提升了98.2个百分点、65.1个百分点和62.3个百分点（表2-98）。

表 2-98 京津冀和长三角高新技术企业就业人员发展指数

地区	2014年	2015年	2016年	2017年	2018年	2019年	2020年
京津冀	100.0%	119.7%	136.5%	161.5%	185.6%	206.0%	222.6%
北京	100.0%	114.2%	125.2%	138.9%	150.4%	166.1%	176.9%
天津	100.0%	137.3%	161.0%	181.7%	195.5%	209.0%	224.8%
河北	100.0%	109.4%	126.3%	166.8%	217.4%	251.9%	277.3%
长三角	100.0%	106.1%	121.0%	131.0%	149.8%	166.9%	190.5%
上海	100.0%	110.7%	118.3%	123.5%	134.6%	148.3%	162.3%
江苏	100.0%	102.7%	114.2%	120.1%	137.3%	148.3%	165.1%
浙江	100.0%	105.2%	122.8%	147.6%	175.5%	203.9%	248.3%

续表

地区	2014年	2015年	2016年	2017年	2018年	2019年	2020年
安徽	100.0%	106.0%	129.1%	134.5%	155.1%	172.7%	198.2%

（2）均衡指数

2020年，京津冀高新技术企业就业人员均衡指数为131.4%，与2014年相比提升了31.4个百分点；长三角高新技术企业就业人员均衡指数为105.8%，与2014年相比提升了5.8个百分点；京津冀高新技术企业就业人员均衡指数高于长三角25.6个百分点（表2-99）。

表2-99 京津冀和长三角高新技术企业就业人员均衡指数

地区	2014年	2015年	2016年	2017年	2018年	2019年	2020年
京津冀	100.0%	104.4%	109.2%	118.3%	128.2%	129.0%	131.4%
长三角	100.0%	104.7%	108.1%	108.2%	106.2%	107.5%	105.8%

21. 规模以上工业企业新产品销售收入协同指数

2020年，京津冀规模以上工业企业新产品销售收入协同指数为104.1%，与2014年相比提升了4.1个百分点；长三角规模以上工业企业新产品销售收入协同指数为128.7%，与2014年相比提升了28.7个百分点；京津冀规模以上工业企业新产品销售收入协同指数低于长三角24.5个百分点（表2-100）。

表2-100 京津冀和长三角规模以上工业企业新产品销售收入协同指数

地区	2014年	2015年	2016年	2017年	2018年	2019年	2020年
京津冀	100.0%	92.3%	115.2%	188.0%	128.0%	110.8%	104.1%
长三角	100.0%	100.2%	111.5%	121.7%	124.8%	126.1%	128.7%

（1）发展指数

2020年，京津冀规模以上工业企业新产品销售收入发展指数为123.1%，与2014年相比提升了23.1个百分点。分地区看，河北规模以上工业企业新产品销售收入发展指数最高,达到215.7%,与2014年相比提升了115.7个百分点;北京规模以上工业企业新产品销售收入发展指数为125.9%,与2014年相比提升了25.9个百分点;天津规模以上工业企业新产品销售收入发展指数为68.7%,与2014年相比下降了31.3个百分点。

2020年,长三角规模以上工业企业新产品销售收入发展指数为167.6%,与2014年相比提升了67.6个百分点;京津冀规模以上工业企业新产品销售收入发展指数低于长三角44.5个百分点。分地区看,安徽规模以上工业企业新产品销售收入发展指数最高,达到228.3%,与2014年相比提升了128.3个百分点;浙江、江苏和上海规模以上工业企业新产品销售收入发展指数分别为171.4%、167.6%和120.3%,与2014年相比分别提升了71.4个百分点、67.6个百分点和20.3个百分点(表2-101)。

表2-101 京津冀和长三角规模以上工业企业新产品销售收入发展指数

地区	2014年	2015年	2016年	2017年	2018年	2019年	2020年
京津冀	100.0%	96.0%	104.1%	99.3%	101.3%	117.5%	123.1%
北京	100.0%	83.9%	96.2%	97.0%	97.4%	122.9%	125.9%
天津	100.0%	101.1%	99.6%	72.3%	68.1%	67.9%	68.7%
河北	100.0%	104.3%	117.7%	139.8%	156.8%	194.5%	215.7%
长三角	100.0%	104.0%	123.0%	132.7%	137.4%	145.3%	167.6%
上海	100.0%	88.4%	106.9%	119.2%	116.0%	120.1%	120.3%
江苏	100.0%	103.9%	119.3%	121.4%	120.7%	127.9%	167.6%
浙江	100.0%	114.1%	129.6%	128.1%	141.2%	158.1%	171.4%
安徽	100.0%	111.4%	138.6%	167.5%	180.5%	183.7%	228.3%

(2)均衡指数

2020年,京津冀规模以上工业企业新产品销售收入均衡指数为88.1%,与2014年相比下降了11.9个百分点;长三角规模以上工业企业新产品销售收入均衡指数为98.8%,与2014年相比下降了1.2个百分点;京津冀规模以上工业企业新产品销售收入均衡指数低于长三角10.7个百分点(表2-102)。

表2-102 京津冀和长三角规模以上工业企业新产品销售收入均衡指数

地区	2014年	2015年	2016年	2017年	2018年	2019年	2020年
京津冀	100.0%	88.8%	127.5%	356.0%	161.6%	104.5%	88.1%
长三角	100.0%	96.6%	101.0%	111.5%	113.4%	109.5%	98.8%

22. 人均地方财政收入协同指数

2020年，京津冀人均地方财政收入协同指数为107.5%，与2014年相比提升了7.5个百分点；长三角人均地方财政收入协同指数为113.3%，与2014年相比提升了13.3个百分点；京津冀人均地方财政收入协同指数低于长三角5.8个百分点（表2-103）。

表2-103 京津冀和长三角人均地方财政收入协同指数

地区	2014年	2015年	2016年	2017年	2018年	2019年	2020年
京津冀	100.0%	103.8%	105.8%	103.9%	102.0%	108.7%	107.5%
长三角	100.0%	103.7%	104.0%	106.4%	111.1%	113.8%	113.3%

（1）发展指数

2020年，京津冀人均地方财政收入发展指数为121.0%，与2014年相比提升了21.0个百分点。分地区看，河北和北京人均地方财政收入发展指数分别为154.2%和132.7%，与2014年相比分别提升了54.2个百分点和32.7个百分点；天津人均地方财政收入发展指数为86.7%，与2014年相比下降了13.3个百分点。

2020年，长三角人均地方财政收入发展指数为139.4%，与2014年相比提升了39.4个百分点；京津冀人均地方财政收入发展指数低于长三角18.4个百分点。分地区看，浙江人均地方财政收入发展指数最高，达到149.6%，与2014年相比提升了49.6个百分点；上海、安徽和江苏人均地方财政收入发展指数分别为149.5%、143.8%和117.5%，与2014年相比分别提升了49.5个百分点、43.8个百分点和17.5个百分点（表2-104）。

表2-104 京津冀和长三角人均地方财政收入发展指数

地区	2014年	2015年	2016年	2017年	2018年	2019年	2020年
京津冀	100.0%	110.7%	116.0%	116.8%	118.9%	127.0%	121.0%
北京	100.0%	115.8%	123.9%	132.5%	141.7%	143.1%	132.7%
天津	100.0%	108.9%	109.5%	92.6%	84.5%	96.5%	86.7%
河北	100.0%	107.6%	115.1%	129.8%	140.2%	148.5%	154.2%
长三角	100.0%	114.2%	123.8%	128.9%	139.1%	142.8%	139.4%
上海	100.0%	120.4%	139.9%	144.9%	155.0%	155.9%	149.5%
江苏	100.0%	110.7%	111.7%	112.1%	118.0%	120.0%	117.5%
浙江	100.0%	116.3%	127.2%	137.8%	154.6%	162.4%	149.6%
安徽	100.0%	109.6%	118.3%	123.3%	132.3%	136.9%	143.8%

（2）均衡指数

2020年，京津冀人均地方财政收入均衡指数为95.5%，与2014年相比下降了4.5个百分点；长三角人均地方财政收入均衡指数为92.1%，与2014年相比下降了7.9个百分点；京津冀人均地方财政收入均衡指数高于长三角3.4个百分点（表2-105）。

表2-105 京津冀和长三角人均地方财政收入均衡指数

地区	2014年	2015年	2016年	2017年	2018年	2019年	2020年
京津冀	100.0%	97.4%	96.5%	92.4%	87.5%	93.0%	95.5%
长三角	100.0%	94.3%	87.3%	87.8%	88.7%	90.7%	92.1%

23. 综合能耗产出率协同指数

2020年，京津冀综合能耗产出率协同指数为111.8%，与2014年相比提升了11.8个百分点；长三角综合能耗产出率协同指数为99.7%，与2014年相比下降了0.3个百分点；京津冀综合能耗产出率协同指数高于长三角12.1个百分点（表2-106）。

表 2-106　京津冀和长三角综合能耗产出率协同指数

地区	2014 年	2015 年	2016 年	2017 年	2018 年	2019 年	2020 年
京津冀	100.0%	102.7%	105.9%	109.3%	111.3%	112.7%	111.8%
长三角	100.0%	104.3%	109.0%	111.5%	114.9%	115.8%	99.7%

（1）发展指数

2020 年，京津冀综合能耗产出率发展指数为 133.9%，与 2014 年相比提升了 33.9 个百分点。分地区看，北京综合能耗产出率发展指数最高，达到 139.9%，与 2014 年相比提升了 39.9 个百分点；河北综合能耗产出率发展指数为 135.8%，与 2014 年相比提升了 35.8 个百分点；天津综合能耗产出率发展指数为 126.3%，与 2014 年相比提升了 26.3 个百分点。

2020 年，长三角综合能耗产出率发展指数为 127.1%，与 2014 年相比提升了 27.1 个百分点；京津冀综合能耗产出率发展指数高于长三角 6.8 个百分点。分地区看，江苏综合能耗产出率发展指数最高，为 135.1%，与 2014 年相比提升了 35.1 个百分点；上海、安徽和浙江综合能耗产出率发展指数分别为 134.5%、126.8% 和 113.1%，与 2014 年相比分别提升了 34.5 个百分点、26.8 个百分点和 13.1 个百分点（表 2-107）。

表 2-107　京津冀和长三角综合能耗产出率发展指数

地区	2014 年	2015 年	2016 年	2017 年	2018 年	2019 年	2020 年
京津冀	100.0%	106.2%	112.1%	117.8%	122.3%	127.0%	133.9%
北京	100.0%	106.6%	112.0%	116.7%	121.3%	127.1%	139.9%
天津	100.0%	105.4%	112.0%	119.1%	120.8%	122.4%	126.3%
河北	100.0%	106.5%	112.2%	117.4%	124.8%	131.7%	135.8%
长三角	100.0%	105.2%	110.1%	115.8%	122.4%	126.5%	127.1%
上海	100.0%	104.1%	108.2%	114.2%	121.0%	125.6%	134.5%
江苏	100.0%	107.2%	112.5%	119.1%	127.0%	130.9%	135.1%
浙江	100.0%	103.6%	107.8%	112.0%	116.4%	120.3%	113.1%

续表

地区	2014年	2015年	2016年	2017年	2018年	2019年	2020年
安徽	100.0%	105.9%	111.8%	117.9%	125.7%	129.4%	126.8%

（2）均衡指数

2020年，京津冀综合能耗产出率均衡指数为93.3%，与2014年相比下降了6.7个百分点；长三角综合能耗产出率均衡指数为78.2%，与2014年相比下降了21.8个百分点；京津冀综合能耗产出率均衡指数高于长三角15.1个百分点（表2-108）。

表2-108　京津冀和长三角综合能耗产出率均衡指数

地区	2014年	2015年	2016年	2017年	2018年	2019年	2020年
京津冀	100.0%	99.4%	100.1%	101.5%	101.3%	100.0%	93.3%
长三角	100.0%	103.5%	108.0%	107.3%	107.7%	106.0%	78.2%

24. 人均GDP协同指数

2020年，京津冀人均GDP协同指数为119.3%，与2014年相比提升了19.3个百分点；长三角人均GDP协同指数为122.0%，与2014年相比提升了22.0个百分点；京津冀人均GDP协同指数低于长三角2.7个百分点（表2-109）。

表2-109　京津冀和长三角人均GDP协同指数

地区	2014年	2015年	2016年	2017年	2018年	2019年	2020年
京津冀	100.0%	102.8%	105.7%	109.4%	113.1%	116.8%	119.3%
长三角	100.0%	104.1%	108.0%	111.9%	115.4%	118.9%	122.0%

（1）发展指数

2020年，京津冀人均GDP发展指数为137.7%，与2014年相比提升了37.7个百分点。分地区看，北京人均GDP发展指数最高，达到140.0%，与2014年相比提升了40.0个百分点；河北和天津人均GDP发展指数分别为

139.9%和133.3%,与2014年相比分别提升了39.9个百分点和33.3个百分点。

2020年,长三角人均GDP发展指数为143.0%,与2014年相比提升了43.0个百分点;京津冀人均GDP发展指数低于长三角5.3个百分点。分地区看,安徽人均GDP发展指数最高,达到148.4%,与2014年相比提升了48.4个百分点;江苏、上海和浙江人均GDP发展指数分别为145.1%、139.5%和139.1%,与2014年相比分别提升了45.1个百分点、39.5个百分点和39.1个百分点(表2-110)。

表2-110 京津冀和长三角人均GDP发展指数

地区	2014年	2015年	2016年	2017年	2018年	2019年	2020年
京津冀	100.0%	106.1%	113.1%	119.1%	125.8%	133.0%	137.7%
北京	100.0%	105.5%	112.1%	119.7%	128.2%	136.5%	140.0%
天津	100.0%	106.6%	114.6%	118.4%	122.8%	128.4%	133.3%
河北	100.0%	106.1%	112.6%	119.2%	126.4%	134.2%	139.9%
长三角	100.0%	107.6%	115.4%	123.4%	131.3%	138.8%	143.0%
上海	100.0%	106.9%	114.4%	122.2%	130.1%	137.5%	139.5%
江苏	100.0%	108.3%	116.4%	124.3%	132.2%	139.9%	145.1%
浙江	100.0%	107.6%	114.9%	122.5%	129.5%	136.0%	139.1%
安徽	100.0%	107.7%	116.0%	124.7%	133.3%	142.0%	148.4%

(2)均衡指数

2020年,京津冀人均GDP均衡指数为103.3%,与2014年相比提升了3.3个百分点;长三角人均GDP均衡指数为104.1%,与2014年相比提升了4.1个百分点;京津冀人均GDP均衡指数低于长三角0.8个百分点(表2-111)。

表2-111 京津冀和长三角人均GDP均衡指数

地区	2014年	2015年	2016年	2017年	2018年	2019年	2020年
京津冀	100.0%	99.7%	98.7%	100.4%	101.7%	102.6%	103.3%
长三角	100.0%	100.6%	101.0%	101.4%	101.5%	101.8%	104.1%

25. 居民人均可支配收入协同指数

2020年，京津冀居民人均可支配收入协同指数为126.7%，与2014年相比提升了26.7个百分点；长三角居民人均可支配收入协同指数为130.3%，与2014年相比提升了30.3个百分点；京津冀居民人均可支配收入协同指数低于长三角3.6个百分点（表2-112）。

表2-112 京津冀和长三角居民人均可支配收入协同指数

地区	2014年	2015年	2016年	2017年	2018年	2019年	2020年
京津冀	100.0%	104.2%	108.9%	113.5%	117.7%	122.6%	126.7%
长三角	100.0%	104.7%	109.0%	114.3%	119.7%	125.9%	130.3%

（1）发展指数

2020年，京津冀居民人均可支配收入发展指数为157.0%，与2014年相比提升了57.0个百分点。分地区看，河北居民人均可支配收入发展指数最高，达到163.0%，与2014年相比提升了63.0个百分点；北京和天津居民人均可支配收入发展指数分别为156.1%和152.1%，与2014年相比分别提升了56.1个百分点和52.1个百分点。

2020年，长三角居民人均可支配收入发展指数为161.1%，与2014年相比提升了61.1个百分点；京津冀居民人均可支配收入发展指数低于长三角4.1个百分点。分地区看，安徽居民人均可支配收入发展指数最高，达到167.3%，与2014年相比提升了67.3个百分点；浙江、江苏和上海居民人均可支配收入发展指数分别为160.4%、159.7%和157.1%，与2014年相比分别提升了60.4个百分点、59.7个百分点和57.1个百分点（表2-113）。

表2-113 京津冀和长三角居民人均可支配收入发展指数

地区	2014年	2015年	2016年	2017年	2018年	2019年	2020年
京津冀	100.0%	108.8%	118.2%	128.7%	139.3%	151.1%	157.0%
北京	100.0%	108.9%	118.1%	128.6%	140.2%	152.3%	156.1%
天津	100.0%	108.5%	118.2%	128.4%	137.0%	147.1%	152.1%

续表

地区	2014年	2015年	2016年	2017年	2018年	2019年	2020年
河北	100.0%	108.8%	118.5%	129.1%	140.8%	154.2%	163.0%
长三角	100.0%	108.8%	118.3%	129.0%	140.7%	153.4%	161.1%
上海	100.0%	108.5%	118.1%	128.3%	139.6%	151.1%	157.1%
江苏	100.0%	108.7%	118.0%	128.9%	140.2%	152.4%	159.7%
浙江	100.0%	108.8%	118.0%	128.7%	140.4%	152.8%	160.4%
安徽	100.0%	109.3%	119.1%	130.2%	142.8%	157.3%	167.3%

（2）均衡指数

2020年，京津冀居民人均可支配收入均衡指数为102.3%，与2014年相比提升了2.3个百分点；长三角居民人均可支配收入均衡指数为105.4%，与2014年相比提升了5.4个百分点；京津冀居民人均可支配收入均衡指数低于长三角3.1个百分点（表2-114）。

表2-114 京津冀和长三角居民人均可支配收入均衡指数

地区	2014年	2015年	2016年	2017年	2018年	2019年	2020年
京津冀	100.0%	99.8%	100.3%	100.2%	99.4%	99.4%	102.3%
长三角	100.0%	100.6%	100.5%	101.2%	101.8%	103.3%	105.4%

第三章
京津冀协同创新发展成效

随着京津冀协同发展战略不断深入实施，激发了区域发展的活力和动力，增强了区域发展的协调性，京津冀三地正在探索建立更加有效的区域协同发展新机制，努力打破行政壁垒，建立统一市场，破解区域发展不平衡、不充分这一"老大难"问题，力争为推动全国区域协同发展提供可复制、可推广的经验，促进区域协调发展战略向纵深推进。

一、协同创新总指数逐年提升，地区差异有所减小

评价结果显示，2014—2020年京津冀协同创新总指数逐年稳步提升，2020年达到132.5%，创近年来最好水平。其中，协同创新发展指数呈逐年提高态势，2020年达到159.5%，比上年提高10.3个百分点，协同创新发展指数创历史最好纪录。协同创新均衡指数在2017—2019年呈回落态势，在2020年转为正增长，达到110.1%，比上年增加4.8个百分点，创历史最好水平。数据充分说明，京津冀三地之间协同创新成效显著，在三地发展的同时，地区间差异正在逐步缩小，实现了发展下的均衡（图3-1和图3-2）。

从三地协同创新发展指数看，河北自2016年开始一路领先，2020年协同创新发展指数达到209.5%，远高于北京和天津，比上年增加26.8个百分点，年均增速也远高于京津两地，发展速度加快。2020年北京协同创新发展指数为141.9%，与上年持平，总指数和年均增速均居第2位。2020年天津协同创新发展指数为136.4%，比上年增加8.3个百分点，总指数和年均增速均居第3位（图3-3）。

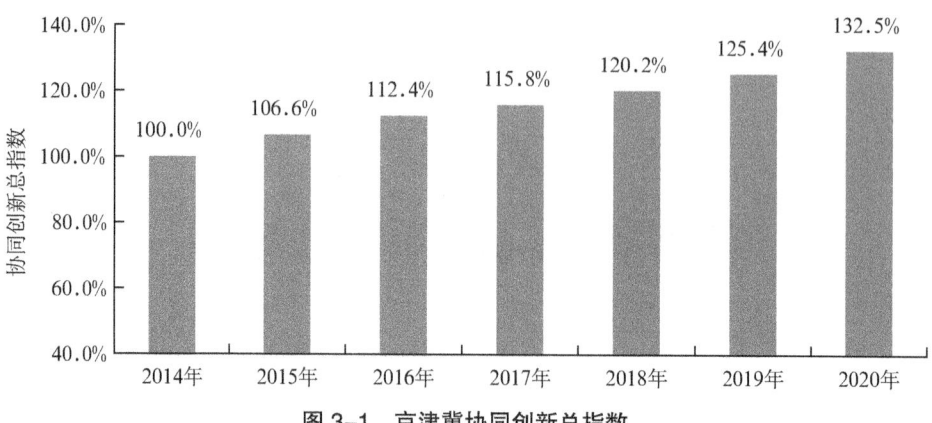

图 3-1 京津冀协同创新总指数

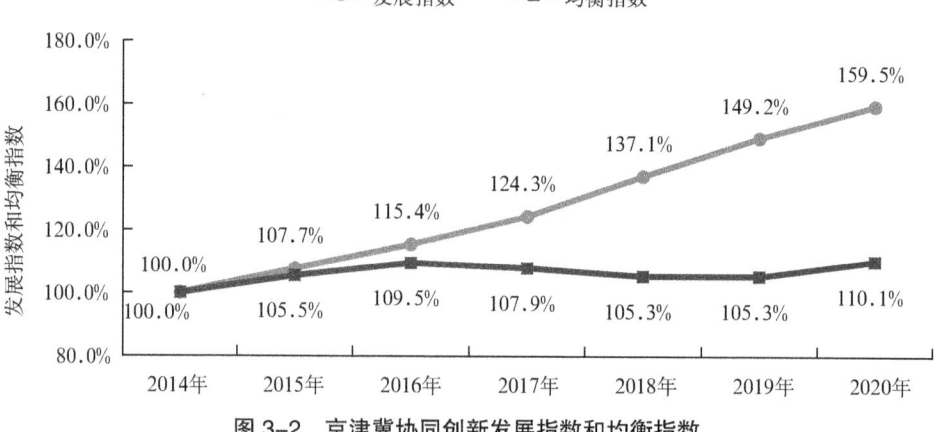

图 3-2 京津冀协同创新发展指数和均衡指数

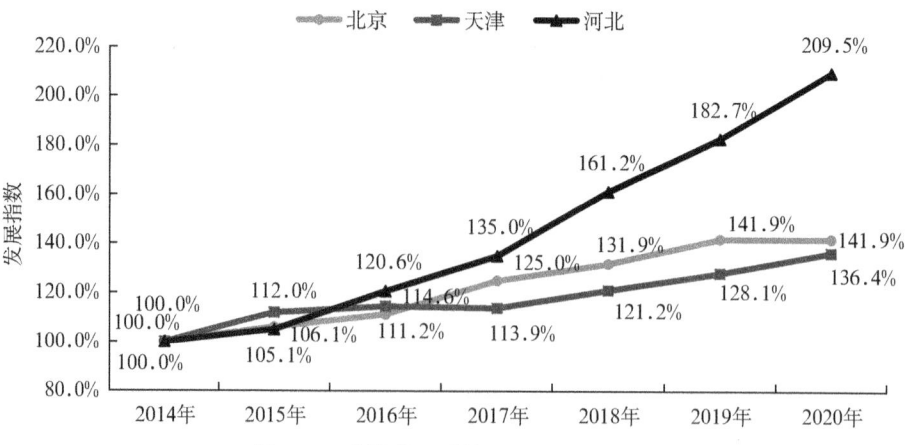

图 3-3 京津冀三地协同创新发展指数

二、创新环境不断优化，生态保护稳步推进

协同创新离不开良好的内外部环境。京津冀创新环境分别从物流交通、网络信息、生态保护3个方面进行评价，主要包括客运量、轨道交通里程、国家铁路地区间货物交流量、移动互联网用户数、电子商务销售额、邮电业务总量、空气达到二级以上天数、城市污水处理率和生活垃圾无害化处理量9个三级指标。

1. 创新环境协同指数增长较快，河北居首位

评价结果显示，2014—2020年京津冀创新环境协同指数呈逐年递增态势，2020年达到137.1%，达到历史新高，比上年增加4.8个百分点，说明京津冀创新环境正在持续优化（图3-4）。

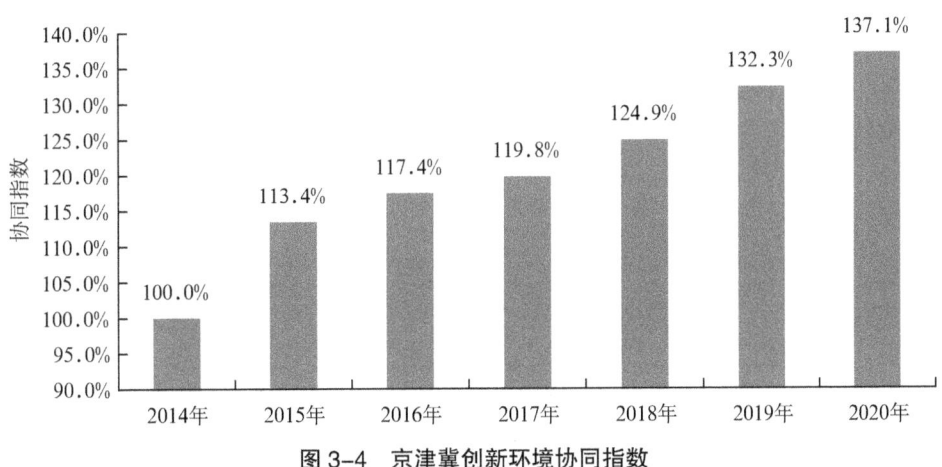

图3-4 京津冀创新环境协同指数

从发展指数看，2014—2019年京津冀创新环境发展指数增长迅速，但在2020年首次下降至141.1%，比上年下降1.1个百分点。从均衡指数看，2020年京津冀创新环境均衡指数为133.2%，比上年增加10.1个百分点，创近年来最好水平。评价显示，三地之间创新环境发展速度有所下降，但是京津冀二地之间差异正在不断缩小（图3-5）。

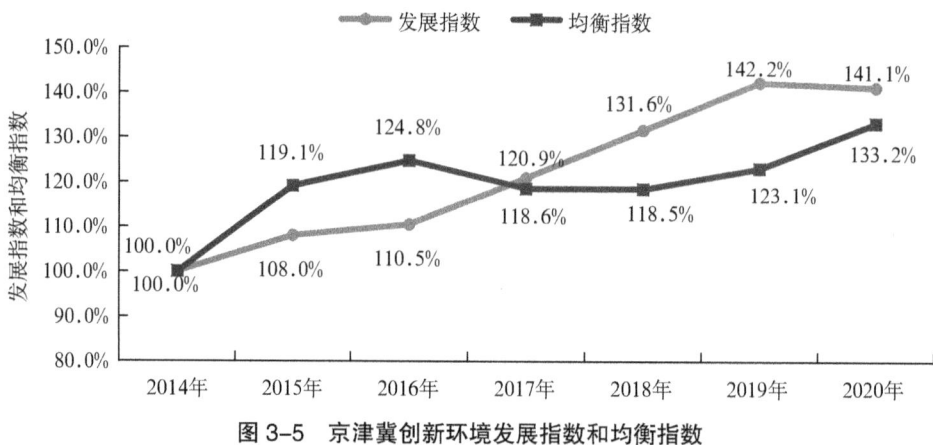

图 3-5 京津冀创新环境发展指数和均衡指数

从 2014—2020 年京津冀三地创新环境发展指数看,天津与河北基本保持并驾齐驱、交替领先态势。2020 年河北创新环境发展指数为 162.7%,超过天津居第 1 位,比上年增加 12.4 个百分点,创新环境表现优异;天津创新环境发展指数为 157.7%,比上年增加 5.7 个百分点,居第 2 位。北京创新环境发展指数为 109.5%,比上年下降 16.4 个百分点,居第 3 位(图 3-6)。

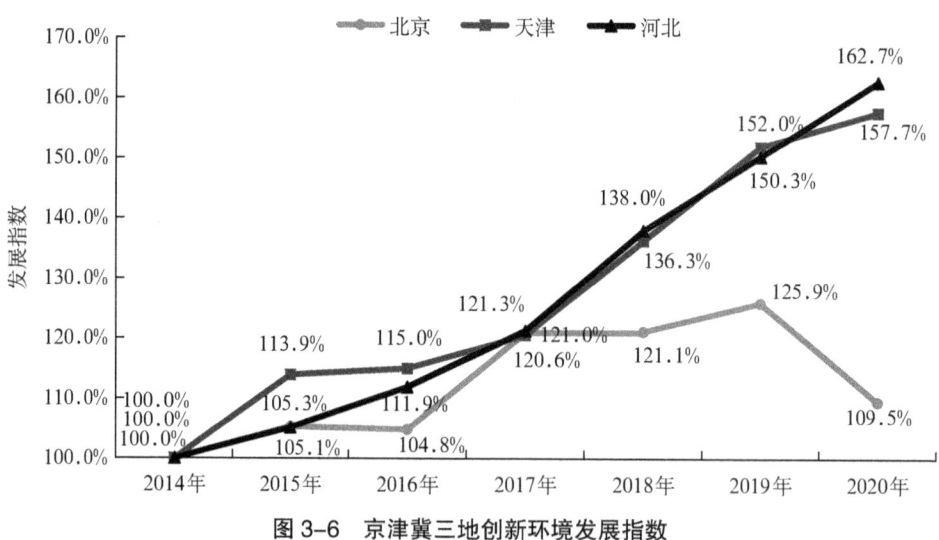

图 3-6 京津冀三地创新环境发展指数

2. 网络信息协同指数稳步提升，邮电业务总量突飞猛进

2020年京津冀网络信息协同指数达到162.5%，比上年提高16.1个百分点。其中，发展指数为294.6%，同比增加49.0个百分点；均衡指数为89.6%，同比增加2.3个百分点。评价结果显示，京津冀网络信息发展迅速，2020年三地之间差距有所缩小（图3-7和图3-8）。

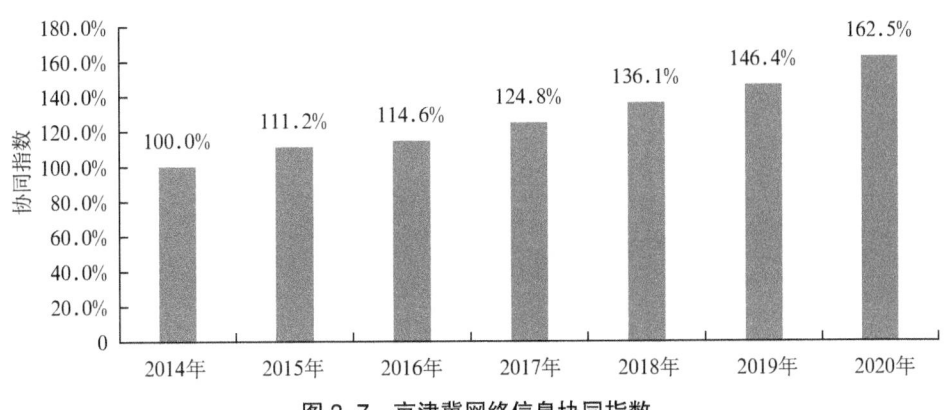

图3-7 京津冀网络信息协同指数

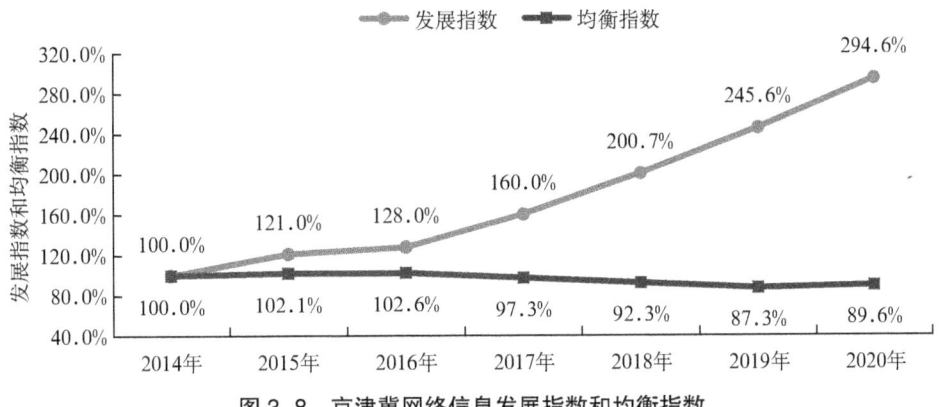

图3-8 京津冀网络信息发展指数和均衡指数

网络信息下设移动互联网用户数、电子商务销售额和邮电业务总量3个三级指标，其中京津冀邮电业务总量突飞猛进，三地邮电业务总量从2014年的1959.0亿元增加到2020年的12332.4亿元，年均增速高达35.9%。特别是河北邮电业务总量增长迅猛，2020年达到6825.4亿元，是2014年的8.3倍，年均增速突破42%；2020年天津邮电业务总量为1779.1亿元，是2014年的7.3

倍；2020年北京邮电业务总量为3727.9亿元，是2014年的4.2倍。三地邮电业务总量的快速增长促使2020年京津冀邮电业务总量协同指数达到236.0%，比上年增加24.1个百分点，在网络信息下设的3个三级指标中表现最佳，相较于2014年增长最多（图3-9）。

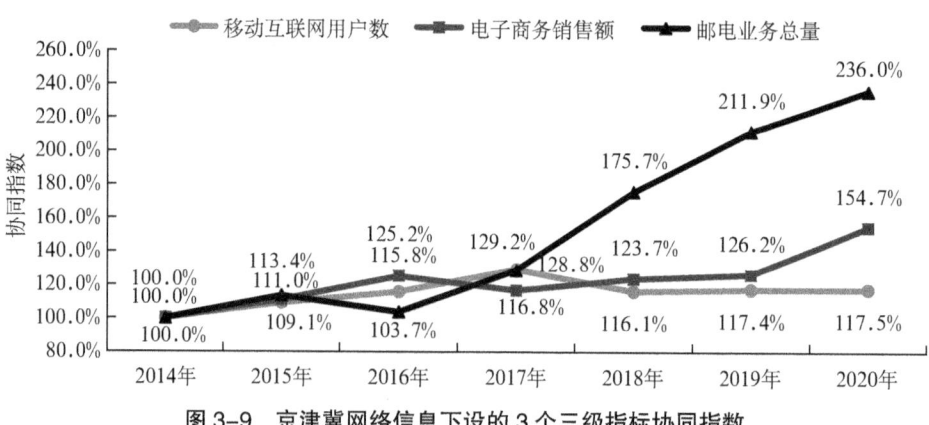

图3-9 京津冀网络信息下设的3个三级指标协同指数

京津冀电子商务销售额从2014年的12 588.6亿元增加到2020年的34 576.1亿元，年均增速为18.3%，高于同期长三角年均增速（13.7%）4.6个百分点。其中，北京电子商务销售额2020年突破2.5万亿元，趋近2.6万亿元，比上年增长11.2%；2020年天津和河北电子商务销售额分别为4342.0亿元和4402.3亿元，分别比上年增长34.5%和61.5%（表3-1）。京津冀三地电子商务销售额不同程度的增长，带动京津冀电子商务销售额协同指数稳步增长，2020年达到154.7%，比上年提高28.5个百分点。

表3-1 2014—2020年京津冀电子商务销售额

单位：亿元

地区	2014年	2015年	2016年	2017年	2018年	2019年	2020年
京津冀	12 588.6	15 119.1	17 477.7	23 456.2	23 923.4	29 188.5	34 576.1
北京	9012.4	10 530.5	12 026.7	18 385.7	18 261.2	23 235.9	25 831.8
天津	1946.5	3148.6	3035.0	2629.4	3106.0	3226.3	4342.0
河北	1629.7	1440.0	2416.1	2441.1	2556.1	2726.3	4402.3

2014—2020年京津冀移动互联网用户数发展指数始终高于同期长三角发展指数。京津冀移动互联网用户数从2014年的7625.2万户增加到2020年的11 865.6万户，年均增速为7.6%，高于同期长三角年均增速（5.8%）1.8个百分点（图3-10）。

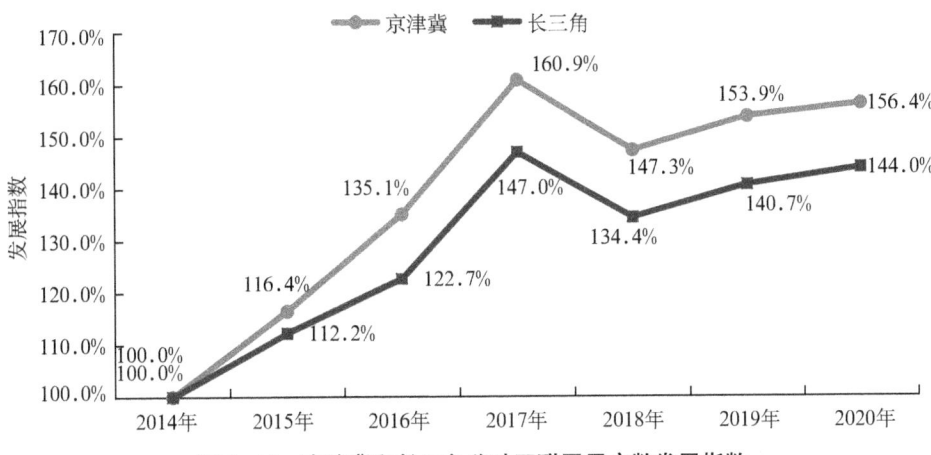

图3-10　京津冀和长三角移动互联网用户数发展指数

3. 生态保护协同指数持续增长，空气质量明显改善

评价结果显示，2020年京津冀生态保护协同指数达到193.9%，比上年提高17.6个百分点，充分显示出京津冀生态环境正在不断优化，生态保护工作取得显著成效（图3-11）。

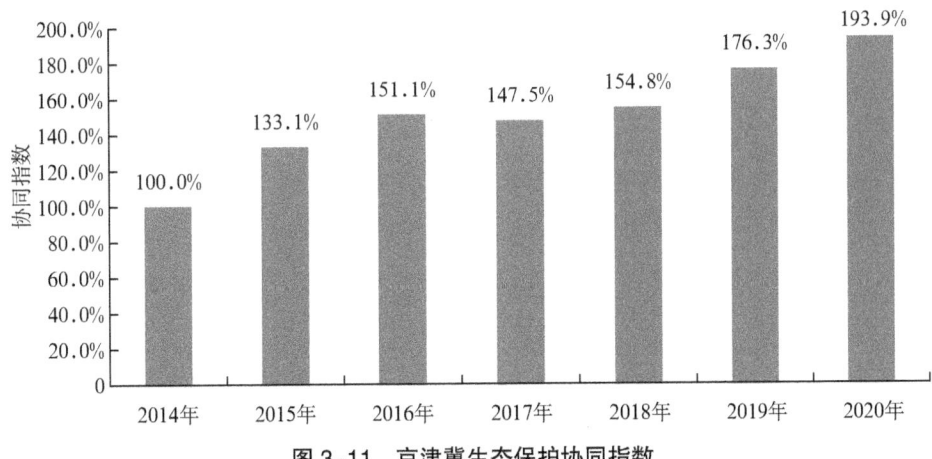

图3-11　京津冀生态保护协同指数

从京津冀生态保护发展指数和均衡指数看，2020年两个指标双双实现正增长，其中发展指数为136.8%，比上年提高2.2个百分点；均衡指数为274.9%，比上年提高44.0个百分点（图3-12）。数据充分显示出，京津冀三地生态保护工作在不断进步的同时，地区之间的差异也在逐步缩小。这与京津冀三地加大生态环境保护、深入推进重污染行业产业结构调整、坚决治理"散乱污"企业、联防联控生态环境等工作密不可分。

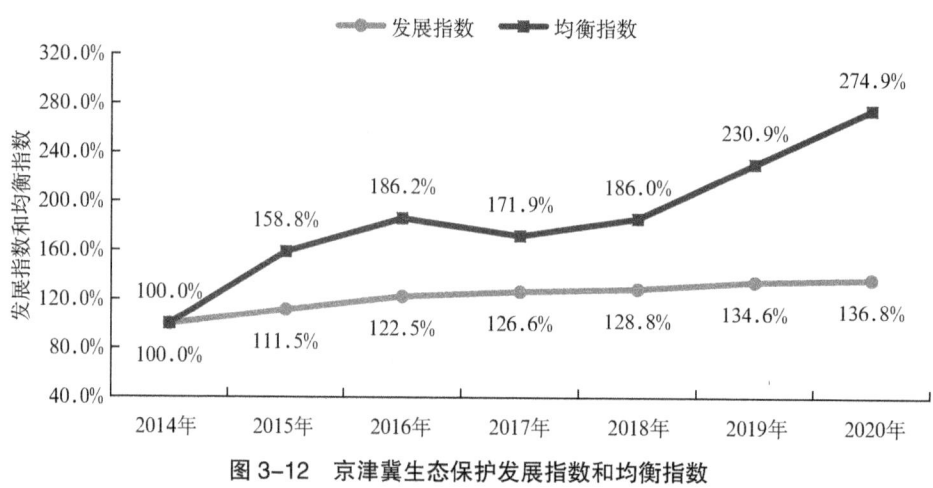

图3-12 京津冀生态保护发展指数和均衡指数

生态保护下设空气达到二级以上天数、城市污水处理率和生活垃圾无害化处理量3个三级指标，其中，空气达到二级以上天数表现最佳，京津冀三地平均空气达标天数从2014年的147天增加到2020年的250天，年均增速为9.3%，不仅高于同期全国年均增速（5.1%），而且高于同期长三角年均增速（6.8%）2.5个百分点。2020年京津冀空气达到二级以上天数协同指数为270.2%，该指数除了在2017年有所回落外，其他年份一直呈现增长态势，说明京津冀生态环境得到有效改善，蓝天保卫战取得显著成效（图3-13）。

2020年京津冀城市污水处理率协同指数为212.7%，比上年提高38.4个百分点。北京城市污水处理率从2014年的86.1%提高到2020年的96.6%，提高了10.5个百分点；天津城市污水处理率从2014年的91.0%提高到2020年的96.4%，提高了5.4个百分点；河北城市污水处理率从2014年的95.1%提高到2020年的98.5%，提高了3.4个百分点。三地差距明显缩小，发展更加均衡（图3-14）。

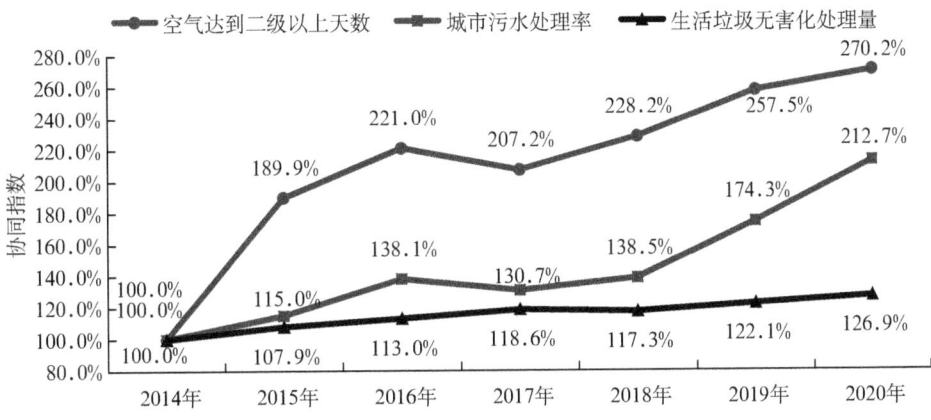

图3-13 京津冀生态保护下设的3个三级指标协同指数

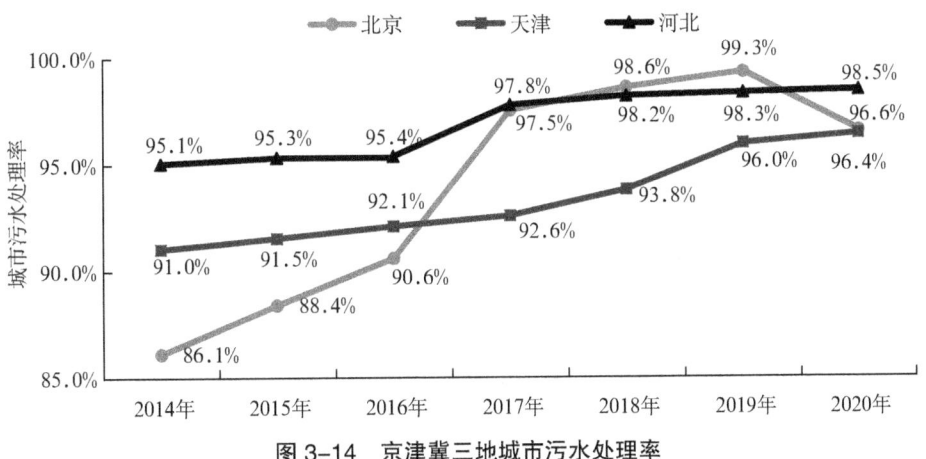

图3-14 京津冀三地城市污水处理率

京津冀生活垃圾无害化处理量从2014年的1471.4万吨增加到2020年的1890.3万吨，年均增速为4.3%，该增速低于同期长三角年均增速（4.9%）0.6个百分点，但京津冀协同指数持续高于长三角，2020年京津冀生活垃圾无害化处理量协同指数为126.9%，高于同期长三角协同指数（119.5%）7.4个百分点（图3-15）。

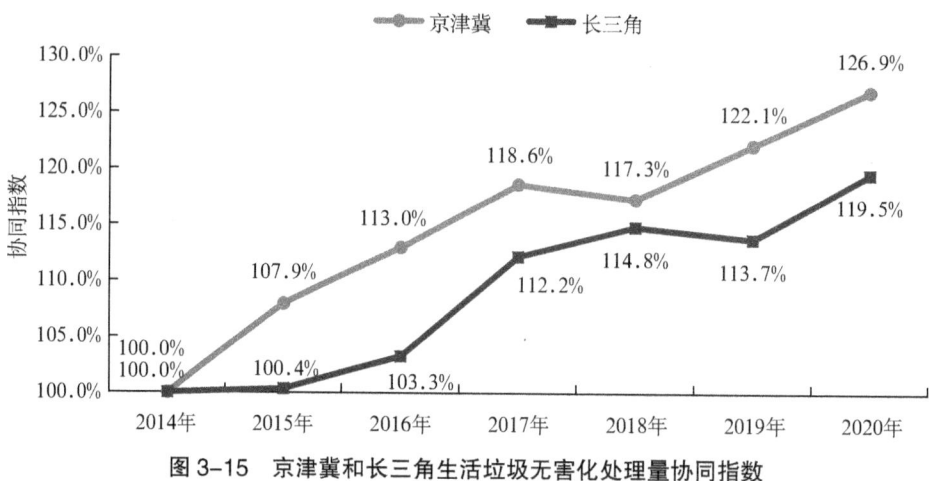

图 3-15 京津冀和长三角生活垃圾无害化处理量协同指数

三、创新资源持续聚集，创新成果累累

创新资源是开展协同创新活动的基本保障。京津冀创新资源分别从创新机构、创新投入、创新成果 3 个方面进行评价，主要包括国家重点实验室和工程技术中心数、国家备案众创空间数、国家级科技企业孵化器数、R&D 经费内部支出、R&D 人员折合全时当量、地方财政科技支出、输出技术成交额、有效发明专利数及区域间技术成交额 9 个三级指标。

1. 创新资源协同指数稳步提升，河北远超京津

2014—2020 年京津冀创新资源协同指数稳步提升，2020 年达到 145.2%，比上年增加 17.8 个百分点，无论是协同指数还是增速均在创新环境、创新资源和创新经济 3 个一级指标中表现最佳。其中创新资源发展指数为 210.8%，比上年增加 33.7 个百分点；创新资源均衡指数为 99.9%，比上年增加 8.3 个百分点。评价结果显示，京津冀创新资源加速聚集，相比上年，三地之间差距有所缩小（图 3-16 和图 3-17）。

从京津冀三地创新资源发展指数看，河北省异军突起，2020 年创新资源发展指数达到 352.9%，比上年提高 86.5 个百分点，遥遥领先京津两地。北京创新资源发展指数居第 2 位，2020 年为 188.0%，比上年提高 16.7 个百分点。天津创新资源发展指数居第 3 位，2020 年为 141.2%，比上年提高 19.4 个百分点，连续 3 年呈现平稳增长态势（图 3-18）。

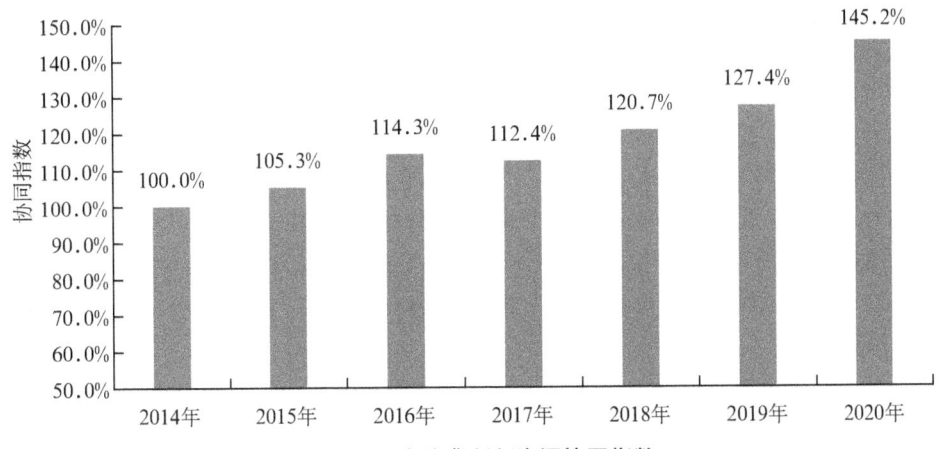

图 3-16 京津冀创新资源协同指数

图 3-17 京津冀创新资源发展指数和均衡指数

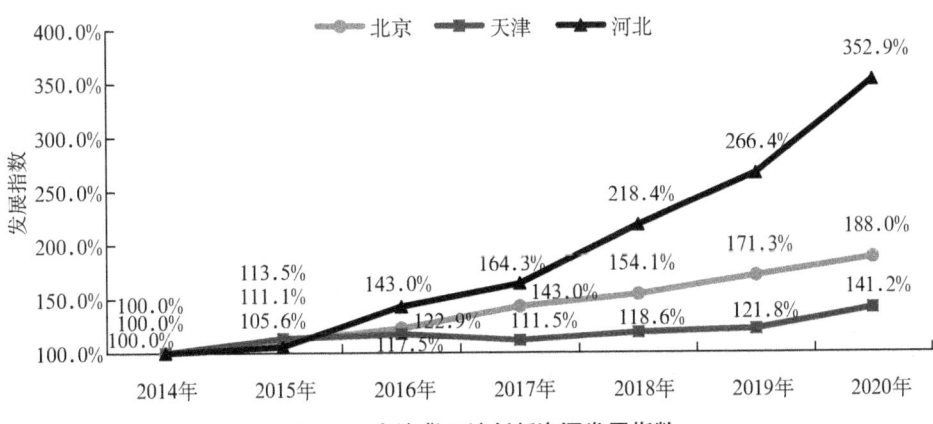

图 3-18 京津冀三地创新资源发展指数

2. 创新机构协同指数大幅增长，国家重点实验室和工程技术中心数增长较快

评价结果显示，2014—2020 年京津冀创新机构协同指数呈波浪式增长，2020 年协同指数大幅增长，达到 135.0%，比上年提高 26.8 个百分点，创历史最好水平。其中，2020 年发展指数为 163.1%，均衡指数为 111.7%，分别比上年增加 36.7 个百分点和 19.2 个百分点。数据表明，京津冀创新机构数量快速增加，2020 年的增长速度最快（图 3-19 和图 3-20）。

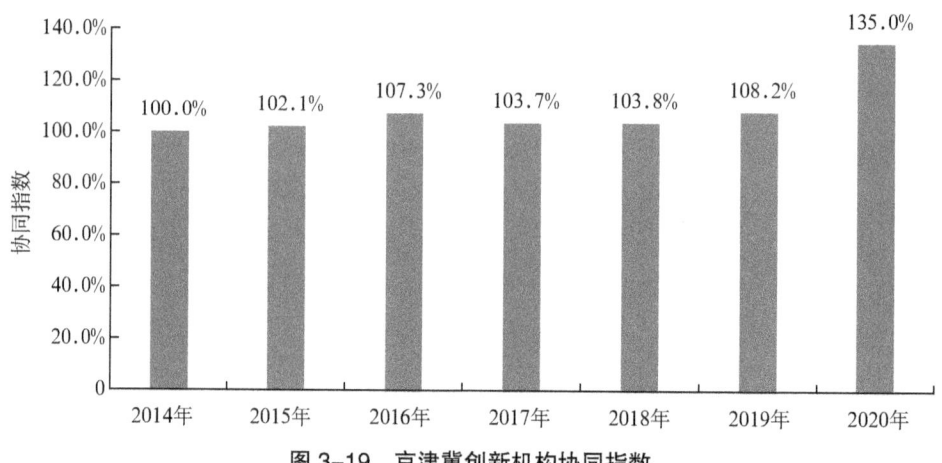

图 3-19　京津冀创新机构协同指数

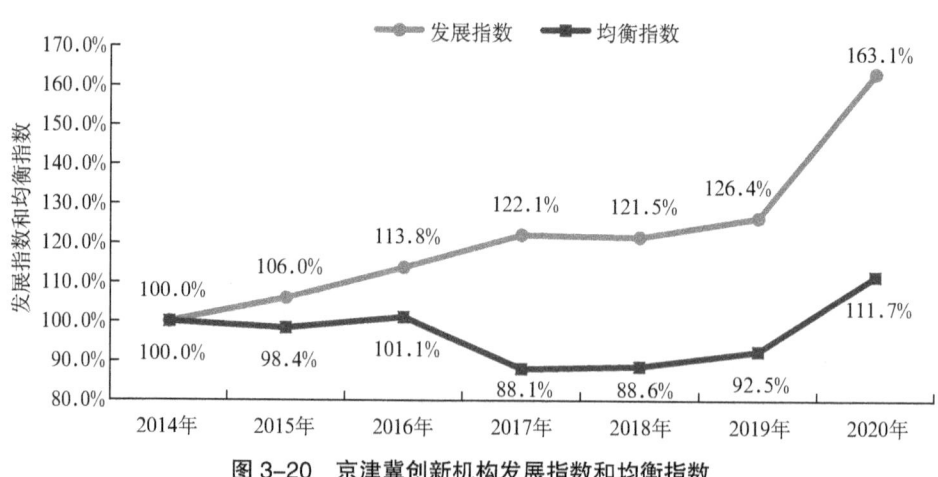

图 3-20　京津冀创新机构发展指数和均衡指数

创新机构下设国家重点实验室和工程技术中心数、国家备案众创空间数、国家级科技企业孵化器数3个三级指标。与2019年相比，2020年京津冀拥有的国家重点实验室和工程技术中心数增长最快，从2019年的166个增加至2020年的224个，增加了58个。其中，北京从143个增加至184个，天津从17个增加至24个，河北从6个增加至16个。京津冀三地国家重点实验室和工程技术中心数不同程度的增加，有力地带动了京津冀国家重点实验室和工程技术中心数协同指数的大幅提升，2020年达到142.1%，比上年提高37.2个百分点。

2020年京津冀拥有的国家级科技企业孵化器数协同指数达到154.8%，比上年提高15.3个百分点。京津冀国家级科技企业孵化器数从2019年的127个增加至2020年的140个。其中，北京从61个增加至65个，天津从33个增加至35个，河北从33个增加至40个。

2020年京津冀国家备案众创空间数协同指数亦有显著提高，从2019年的86.5%增加到2020年的111.8%，增加25.3个百分点。京津冀国家备案众创空间数从2019年的289个增加至2020年的323个。2020年北京拥有国家备案众创空间138个，天津为82个，河北为103个（表3-2和图3-21）。

表3-2 2015—2020年京津冀国家备案众创空间数

单位：个

地区	2015年	2016年	2017年	2018年	2019年	2020年
京津冀	256	256	309	299	289	323
北京	111	111	149	143	139	138
天津	73	73	77	76	73	82
河北	72	72	83	80	77	103

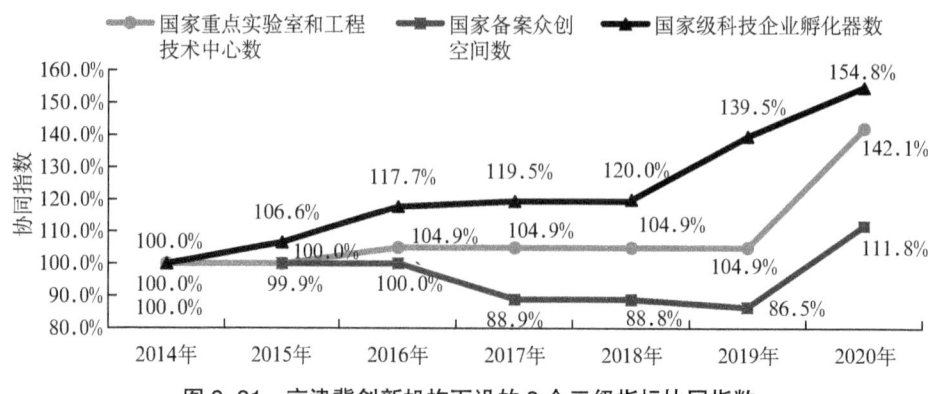

图 3-21　京津冀创新机构下设的 3 个三级指标协同指数

3. 创新投入协同指数呈波浪式发展，地方财政科技支出大体呈增长态势

评价结果显示，2014—2020 年京津冀创新投入协同指数呈波浪式发展，2016 年达到最高，为 111.2%，随后两年呈回落态势；2020 年有较大提升，为 107.4%，比上年增加 4.7 个百分点。其中，发展指数持续增长，2020 年达到 136.5%，比上年增加 7.3 个百分点；均衡指数转为正增长，2020 年达到 84.5%，比上年增加 2.9 个百分点。数据表明，京津冀创新投入持续增长，三地差距有所缩小（图 3-22 和图 3-23）。

创新投入下设 R&D 经费内部支出、R&D 人员折合全时当量和地方财政科技支出 3 个三级指标。京津冀 R&D 经费内部支出从 2014 年的 2046.6 亿元增加到 2020 年的 3445.9 亿元，年均增长 9.1%。其中，北京 R&D 经费内部支出从 2014 年的 1268.8 亿元增加到 2020 年的 2326.6 亿元，年均增长 10.6%；天津 R&D 经费内部支出从 2014 年的 464.7 亿元增加到 2020 年的 485.0 亿元，年均增长 0.7%；河北 R&D 经费内部支出从 2014 年的 313.1 亿元增加到 2020 年的 634.4 亿元，年均增长 12.5%（图 3-24）。

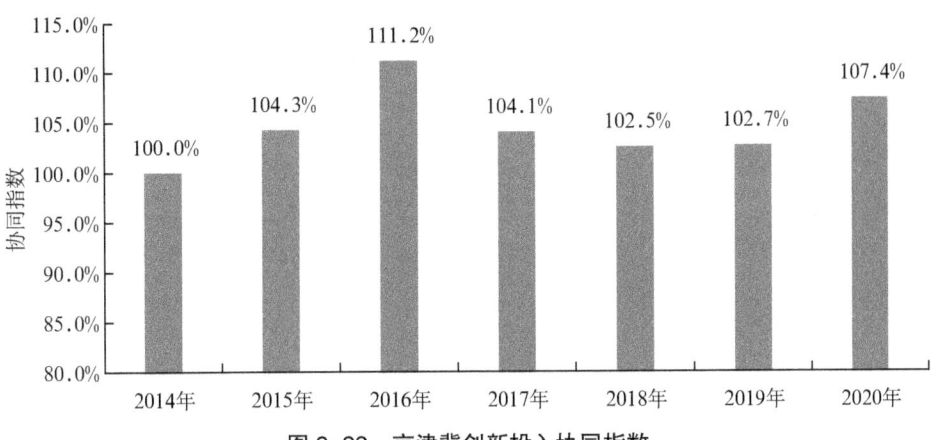

图 3-22 京津冀创新投入协同指数

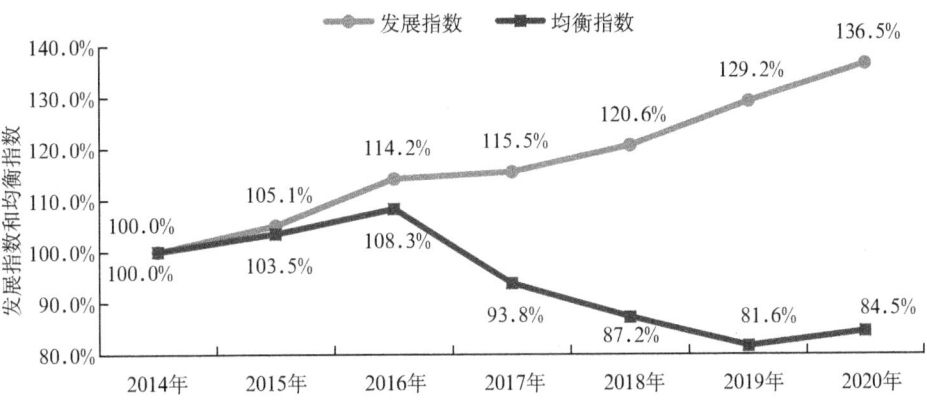

图 3-23 京津冀创新投入发展指数和均衡指数

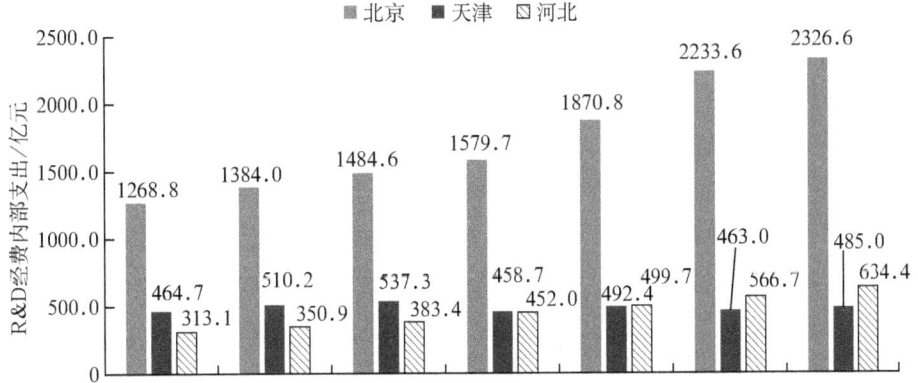

图 3-24 京津冀三地 R&D 经费内部支出

京津冀R&D人员折合全时当量从2014年的46.0万人年增加到2020年的55.2万人年，年均增长3.1%。其中，北京R&D人员折合全时当量从2014年的24.5万人年增加到2020年的33.6万人年，年均增长5.4%；天津R&D人员折合全时当量呈现先增后降态势，从2014年的11.3万人年增加到2015年的12.4万人年，随后呈现逐年下降态势，2020年降至9.1万人年，年均增长-3.7%；河北R&D人员折合全时当量从2014年的10.1万人年增加到2020年的12.5万人年，年均增长3.6%（图3-25）。

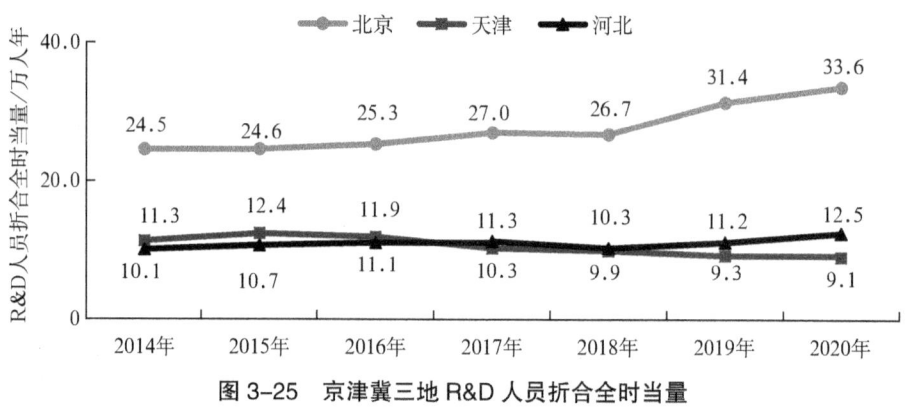

图3-25　京津冀三地R&D人员折合全时当量

2014—2020年京津冀地方财政科技支出大体呈增长态势，从443.0亿元增加到630.9亿元，年均增长6.1%。其中，北京地方财政科技支出呈现3个发展阶段：第一阶段为平稳期，2014—2016年基本保持在285亿元左右；第二阶段为增长期，从2016年的285.8亿元增加到2019年的433.4亿元；第三阶段为回落期，从2019年的433.4亿元下降到2020年的411.0亿元，下降5.2%。天津地方财政科技支出呈现波浪式发展，从2014年的109.0亿元增加到2016年的125.2亿元，达到峰值后，随后两年下降至2018年的106.7亿元，2020年增加到118.2亿元。河北地方财政科技支出基本呈逐年增长态势，从2014年的51.3亿元增加到2020年的101.8亿元，年均增长12.1%（图3-26）。

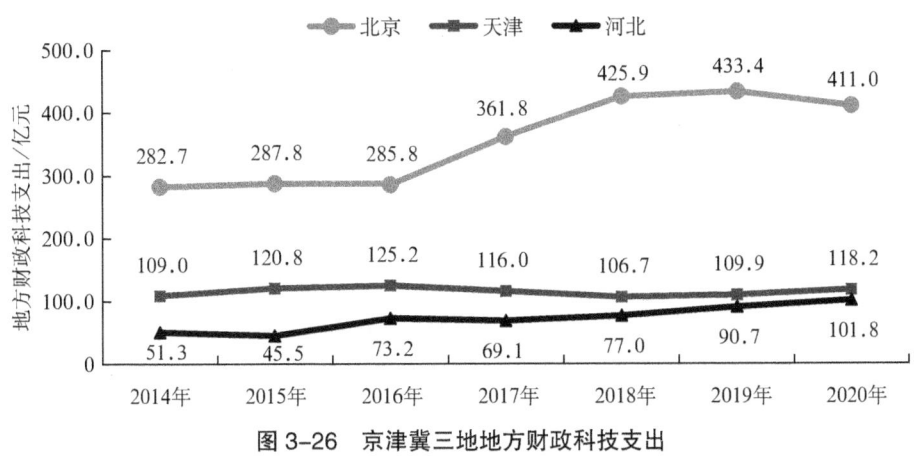

图 3-26 京津冀三地地方财政科技支出

4. 创新成果协同指数增长迅猛，输出技术成交额持续增长

评价结果显示，2020 年京津冀创新成果协同指数增长迅猛，2020 年达到 211.0%，比上年增加 24.9 个百分点，在创新资源下设的 3 个二级指标中指数最高、增长最快。其中，发展指数为 420.8%，比上年增加 80.5 个百分点；均衡指数为 105.8%，比上年增加 4.0 个百分点。数据表明，京津冀创新成果日趋丰硕，地区间差异有略微缩小（图 3-27 和图 3-28）。

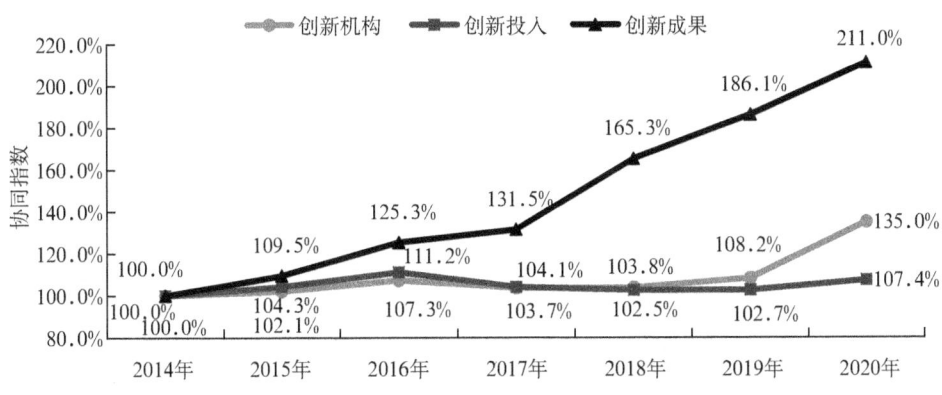

图 3-27 京津冀创新资源下设的 3 个二级指标协同指数

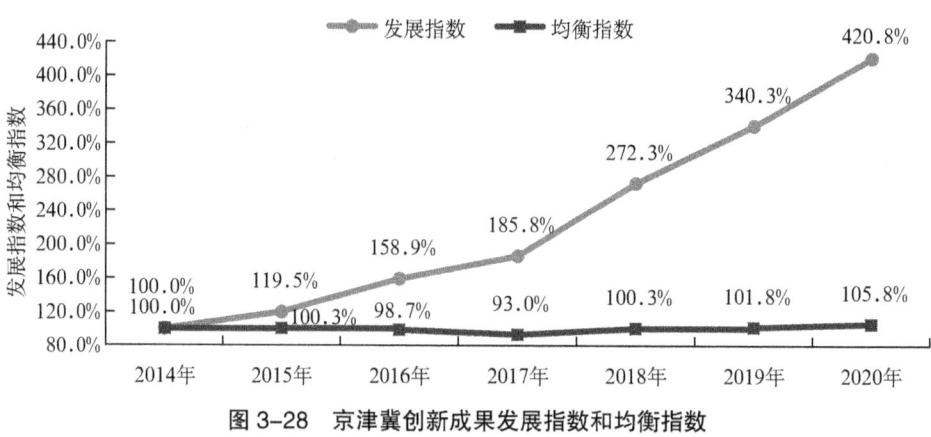

图 3-28 京津冀创新成果发展指数和均衡指数

创新成果下设输出技术成交额、有效发明专利数和区域间技术成交额 3 个三级指标。2020 年京津冀输出技术成交额协同指数达到 238.4%，比上年提高 29.8 个百分点。其中，北京输出技术成交额突破 6000 亿元，2020 年达到 6316.2 亿元，比上年增长 10.9%，占京津冀总量的 79.3%，其输出技术成交额居京津冀首位；天津输出技术成交额从 2014 年的 388.6 亿元增加到 2020 年的 1089.6 亿元，年均增长 18.7%，其输出技术成交额居京津冀第 2 位；河北输出技术成交额从 2014 年的 29.2 亿元增加到 2020 年的 555.0 亿元，年均增长 63.4%，增速迅猛，其输出技术成交额居京津冀第 3 位（图 3-29 和图 3-30）。

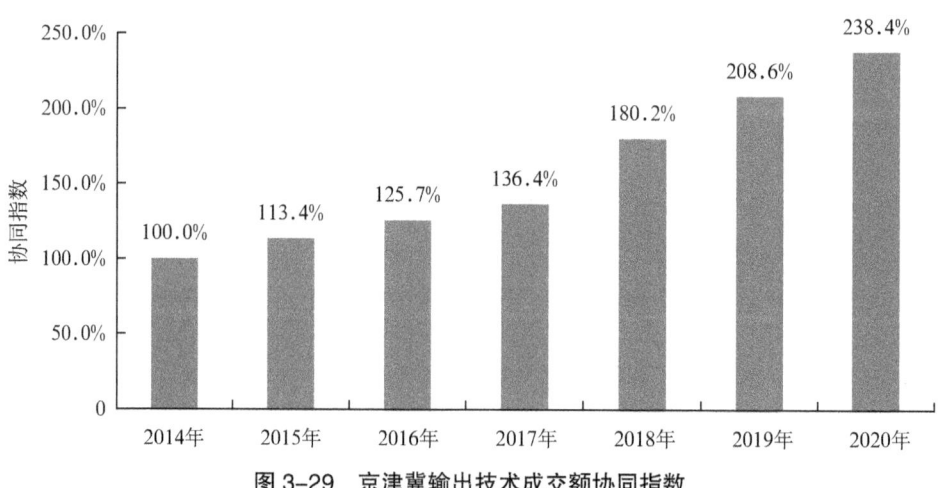

图 3-29 京津冀输出技术成交额协同指数

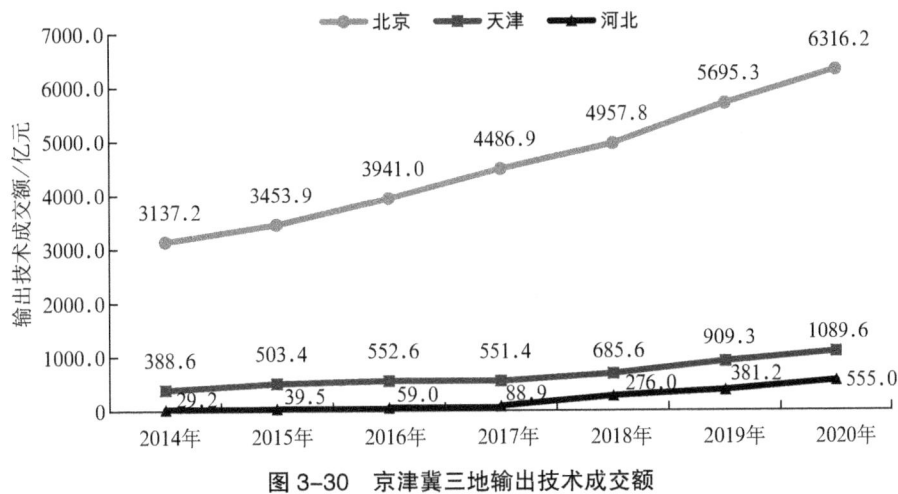

图 3-30　京津冀三地输出技术成交额

京津冀拥有有效发明专利数从 2014 年的 12.7 万件增加到 2020 年的 40.8 万件，年均增长 21.4%。其中，北京有效发明专利数从 2014 年的 10.4 万件增加到 2020 年的 33.6 万件，年均增长 21.6%，占京津冀比重始终保持在 80% 以上；天津有效发明专利数从 2014 年的 1.5 万件增加到 2020 年的 3.8 万件，年均增长 17.2%；河北有效发明专利数从 2014 年的 0.9 万件增加到 2020 年的 3.4 万件，年均增长 24.7%（图 3-31）。

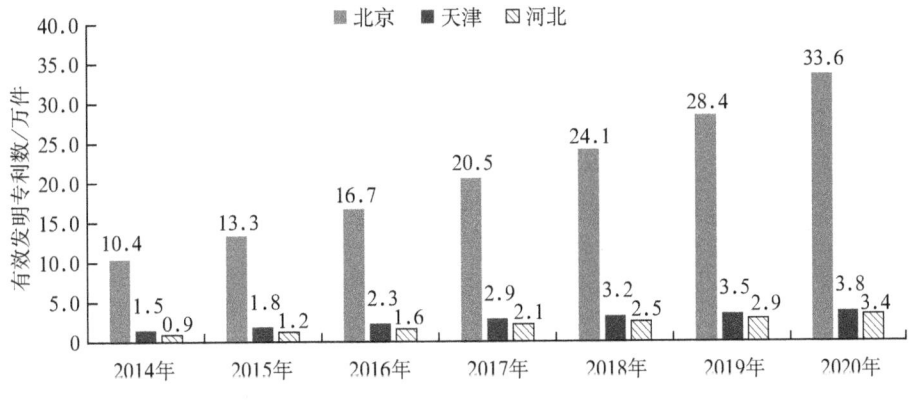

图 3-31　京津冀三地有效发明专利数

2020年京津冀区域间技术成交额①达到552.4亿元，是2014年的3.2倍。其中，北京输往天津和河北的技术合同成交额从2014年的83.2亿元增加到2020年的347.5亿元，年均增长26.9%，2020年增速为22.9%。数据表明，从北京输往天津和河北的技术合同明显增多，成交金额大幅提升。天津输往北京和河北的技术合同成交额从2014年的86.8亿元增加到2020年的150.0亿元，年均增长9.5%。河北输往北京和天津的技术合同成交额从2014年的3.2亿元增加到2020年的55.0亿元，年均增长60.6%（图3-32）。

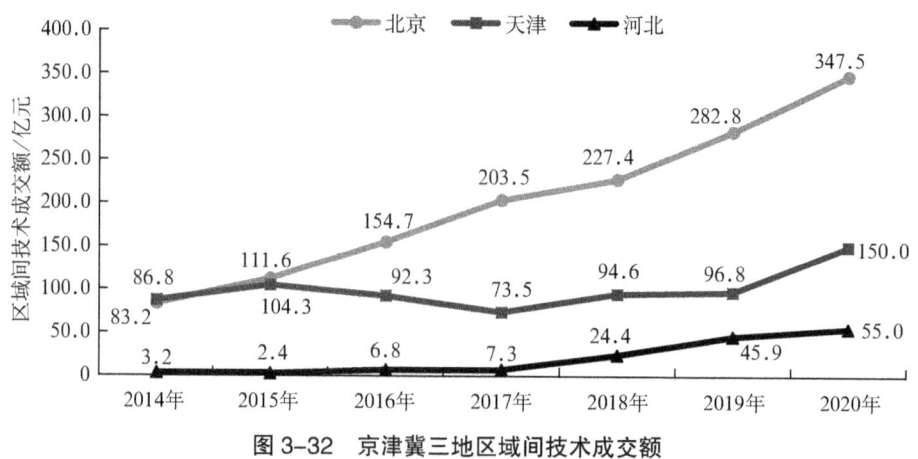

图3-32 京津冀三地区域间技术成交额

四、创新经济稳步发展，经济成果逐渐凸显

京津冀协同创新的最终目标是促进三地经济社会协同发展，主要体现在是否促进了高新技术产业发展、是否促进了经济发展方式的转变、是否促进了人民生活水平的提高。因此，京津冀创新经济分别从高新产业、经济发展、经济成果3个方面进行评价，主要包括高技术产品出口额、高新技术企业就业人员、规模以上工业企业新产品销售收入、人均地方财政收入、综合能耗产出率、人均GDP和居民人均可支配收入7个三级指标。

---

① 区域间技术成交额指三地之间的技术合同成交金额。北京区域间技术成交额指从北京输往天津和河北的技术合同成交金额总数，天津区域间技术成交额指从天津输往北京和河北的技术合同成交金额总数，河北区域间技术成交额指从河北输往北京和天津的技术合同成交金额总数。

1. 创新经济协同指数持续提升，河北发展成效显著

2014—2020年京津冀创新经济协同指数呈阶梯式增长：2014—2016年基本保持在106%以下，为第一阶梯；2017—2020年稳定在116%左右，为第二阶梯。其中，发展指数呈稳步增长态势，2020年达到136.3%，比上年增加4.4个百分点，创历史最好水平；2020年均衡指数为100.4%，比上年减少3.2个百分点。评价结果显示，京津冀创新经济不断加速发展，但三地之间差距略有扩大（图3-33和图3-34）。

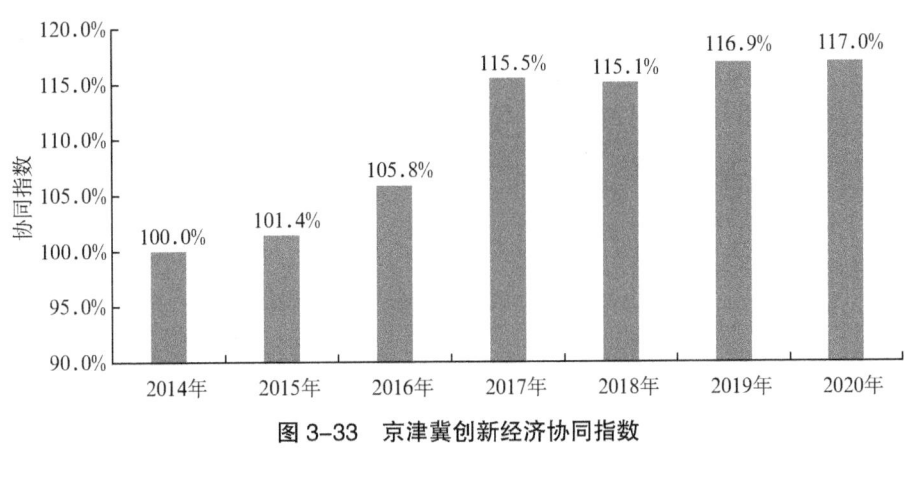

图3-33　京津冀创新经济协同指数

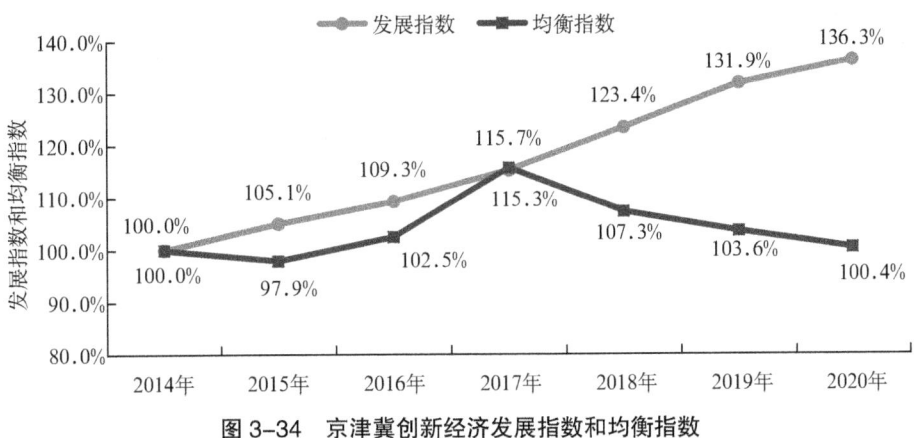

图3-34　京津冀创新经济发展指数和均衡指数

从京津冀三地创新经济发展指数看，2020年河北创新经济发展指数为160.2%，比上年增加7.9个百分点，发展指数和增速均连续3年领跑京津冀，

经济发展态势良好。北京创新经济发展指数也呈逐年增长态势，2020年为138.8%，居第2位，比上年增加6.3个百分点。2020年天津创新经济发展指数为113.9%，比上年增加0.3个百分点，无论是发展指数还是增速均居第3位（图3-35）。

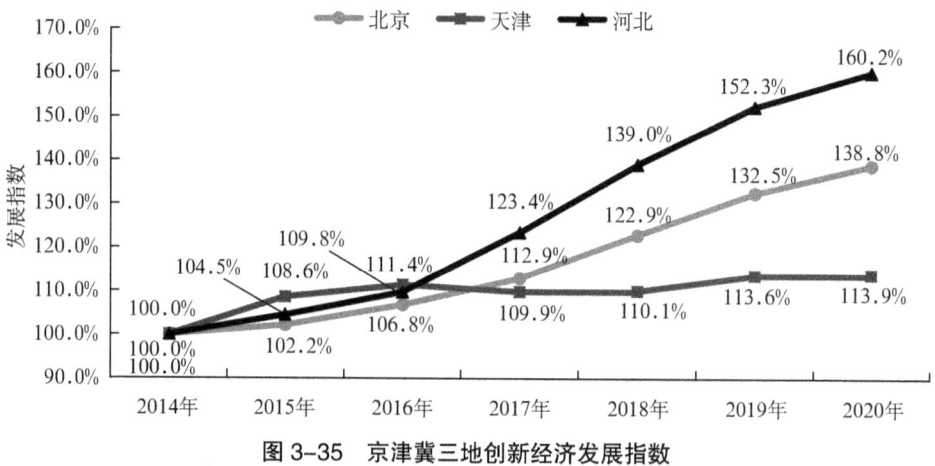

图3-35 京津冀三地创新经济发展指数

2. 经济发展协同指数有所回落，综合能耗产出率稳步提升

2014—2019年京津冀经济发展协同指数基本呈逐年增长态势，2020年回落至109.6%，比上年下降1.1个百分点。2020年京津冀经济发展协同指数超过长三角3.3个百分点。2020年京津冀经济发展发展指数为127.3%，比上年增加0.3个百分点；均衡指数为94.4%，比上年下降2.0个百分点。数据表明，京津冀经济发展有所提升，地区间差异有所扩大（图3-36和图3-37）。

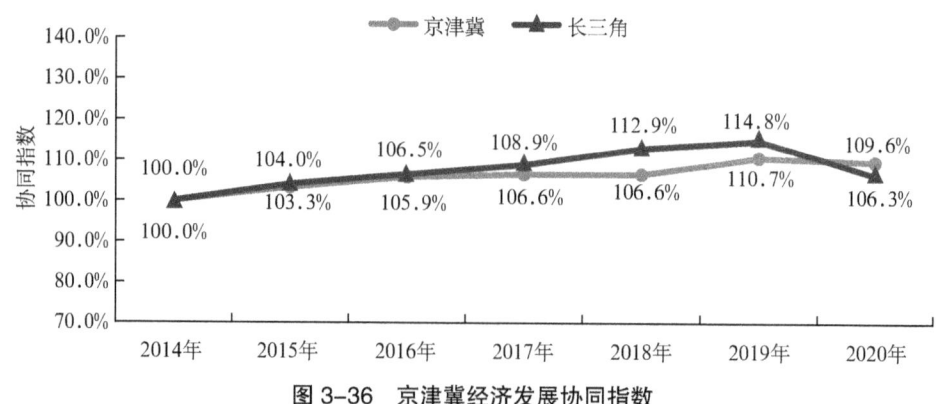

图3-36 京津冀经济发展协同指数

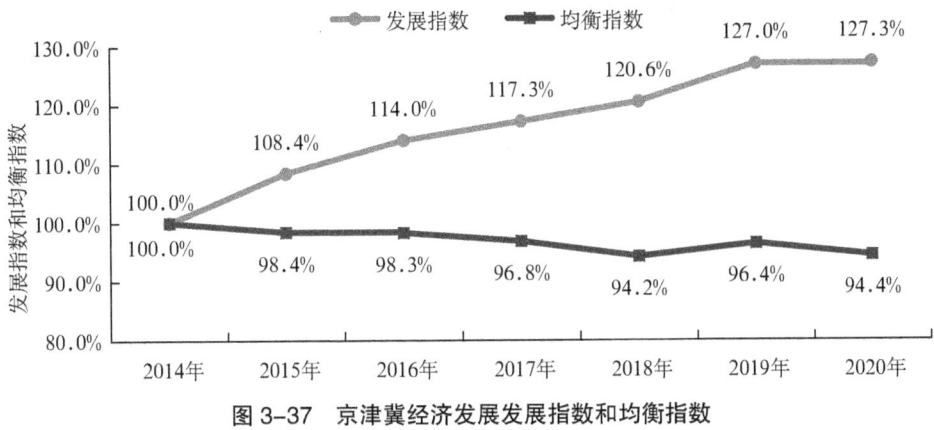

图 3-37　京津冀经济发展发展指数和均衡指数

经济发展下设人均地方财政收入和综合能耗产出率两个三级指标。2014—2020 年京津冀人均地方财政收入基本呈现上升趋势，从 0.8 万元提高到 1.0 万元，年均增长 3.9%。其中，北京人均地方财政收入最高，2019 年达到 2.70 万元，2020 年回落至 2.51 万元，2014—2020 年年均增长 4.8%；天津人均地方财政收入呈波浪式发展，从 2014 年的 1.60 万元，提高到 2016 年的 1.75 万元，随后两年呈下降趋势，2018 年降至 1.35 万元，2019 年有所回升，达到 1.54 万元，2020 年下降至 1.39 万元；河北人均地方财政收入呈逐年增长态势，从 2014 年的 0.33 万元增加到 2020 年的 0.51 万元，年均增长 7.5%（图 3-38）。

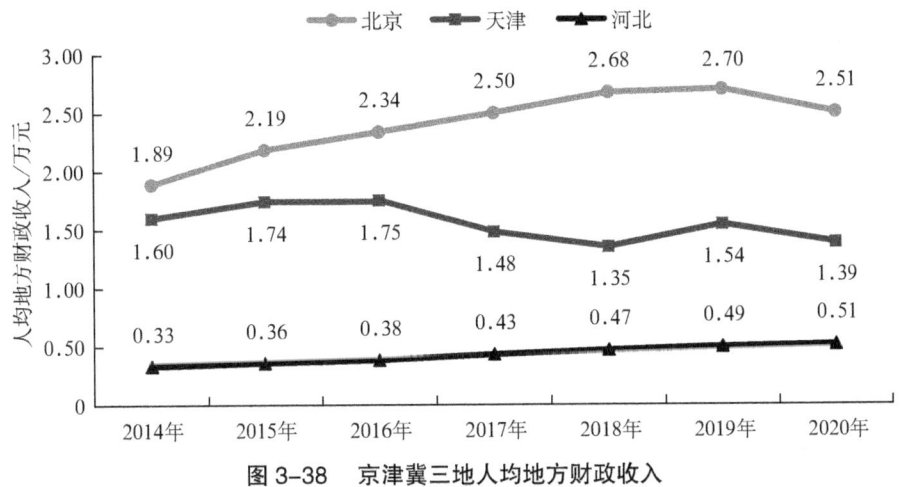

图 3-38　京津冀三地人均地方财政收入

京津冀综合能耗产出率也呈逐年增长态势,从 2014 年的 13.1 元 / 千克标准煤提高到 2020 年的 17.5 元 / 千克标准煤,年均增长 5.0%。其中,北京从 2014 年的 27.8 元 / 千克标准煤提高到 2020 年的 38.9 元 / 千克标准煤,年均增长 5.8%;天津从 2014 年的 12.5 元 / 千克标准煤提高到 2020 年的 15.8 元 / 千克标准煤,年均增长 4.0%;河北从 2014 年的 9.8 元 / 千克标准煤提高到 2020 年的 13.3 元 / 千克标准煤,年均增长 5.2%(图 3-39)。

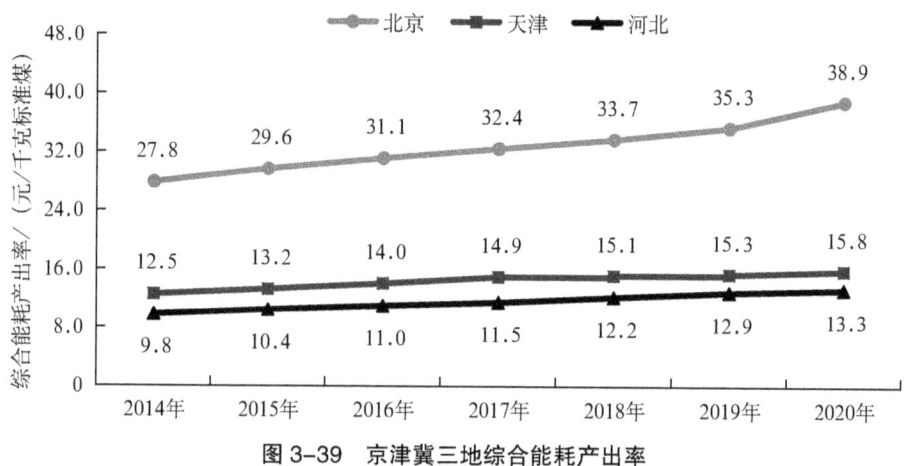

图 3-39 京津冀三地综合能耗产出率

3. 经济成果协同指数逐年提升,居民人均可支配收入稳步增长

2014—2020 年京津冀经济成果协同指数稳步增长,2020 年为 122.9%,达到 2014 年以来最好水平,比上年增加 3.3 个百分点。其中,发展指数为 147.0%,均衡指数为 102.8%,分别比上年增加 5.2 个百分点和 1.8 个百分点。数据表明,京津冀协同发展取得明显成效,科技支撑社会经济快速发展,带动居民收入稳步增长(图 3-40 和图 3-41)。

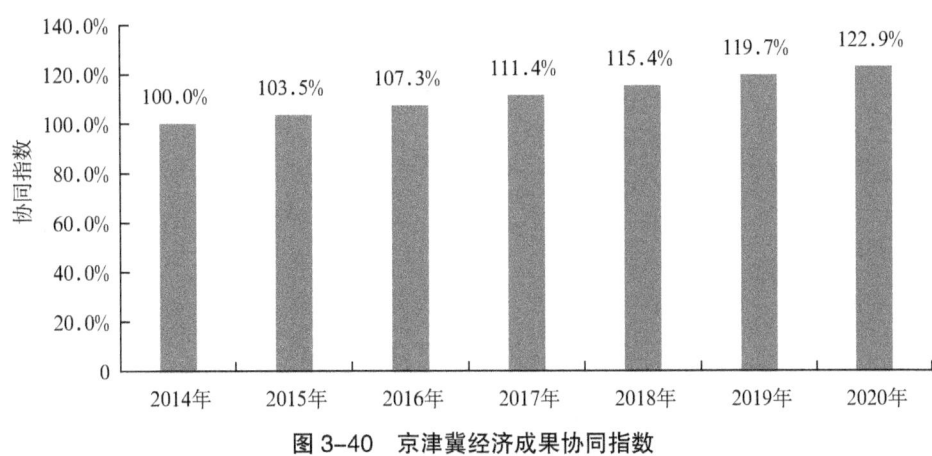

图 3-40 京津冀经济成果协同指数

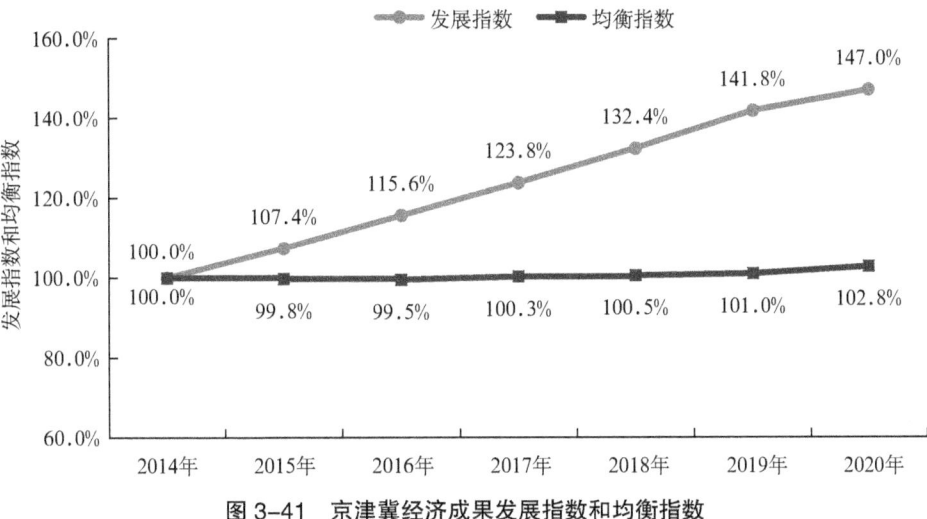

图 3-41 京津冀经济成果发展指数和均衡指数

经济成果下设人均 GDP 和居民人均可支配收入两个三级指标。京津冀人均 GDP 持续增长，从 2014 年的 5.3 万元提高到 2020 年的 7.2 万元，年均增速为 5.4%。其中，天津人均 GDP 最高，始终居京津冀首位，2020 年达到 13.5 万元；2020 年北京人均 GDP 为 12.5 万元，河北为 5.5 万元（图 3-42）。

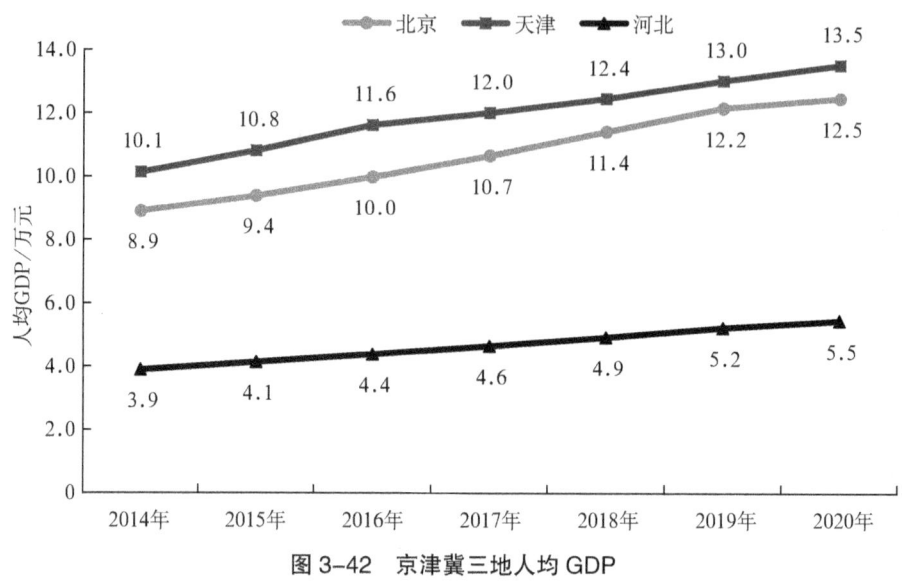

图 3-42　京津冀三地人均 GDP

京津冀居民人均可支配收入从 2014 年的 2.4 万元提高到 2020 年的 3.8 万元，年均增长 8.0%。北京居民人均可支配收入最高，2020 年为 6.9 万元，天津为 4.4 万元，河北为 2.7 万元（图 3-43）。

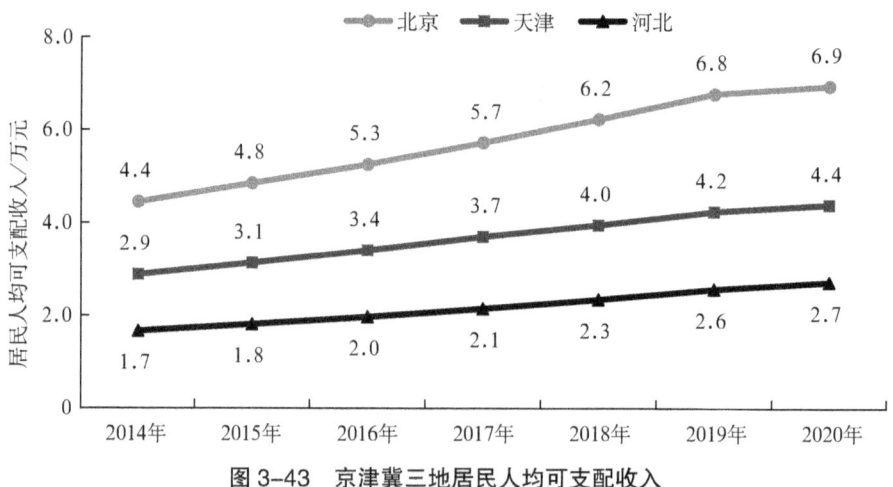

图 3-43　京津冀三地居民人均可支配收入

第四章
京津冀协同创新不足

本章内容通过将京津冀与长三角放在同一个参照系进行横向比较，即以一个指标体系的相同起点（2014年）为基点，以长三角区域协同发展进程和均衡程度作为参照，分析相对于长三角地区，京津冀协同创新存在的潜力和不足。

一、京津冀协同创新总指数低于长三角

评价数据显示，相对于2014年，2020年京津冀协同创新无论是区域整体发展方面，还是地区间的原有差异逐步缩小方面，都与长三角存在一定差距。京津冀协同创新总体实现稳步发展，但存在协同创新发展速度相对较慢和京津冀三地内一些指标出现负增长的问题，影响了地区的整体发展。

从协同创新总指数看，评价期间内，京津冀协同创新总指数始终低于长三角。2015年京津冀协同创新总指数为106.6%，低于长三角（108.8%）2.2个百分点，2020年京津冀协同创新总指数为132.5%，低于长三角（151.9%）19.4个百分点，差距有所扩大（图4-1）。

从协同创新发展指数来看，2015年京津冀协同创新发展指数为107.7%，低于长三角（110.0%）2.3个百分点，2020年京津冀协同创新发展指数为159.5%，低于长三角（187.5%）28.0个百分点；2020年长三角协同创新发展指数高于2015年77.5个百分点，2020年京津冀协同创新发展指数高于2015年51.8个百分点。京津冀相比长三角的发展速度仍有一定差距（图4-2）。

图 4-1　京津冀和长三角协同创新总指数

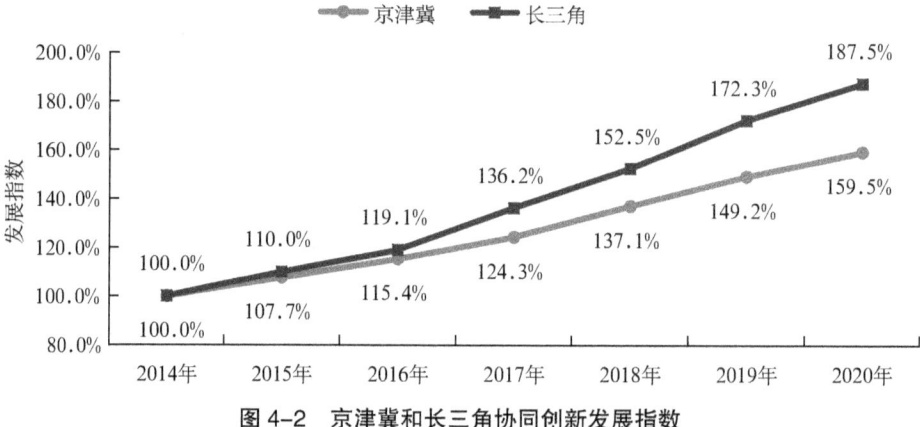

图 4-2　京津冀和长三角协同创新发展指数

从协同创新均衡指数来看，2014—2020 年京津冀协同创新均衡指数呈波浪式提升。2016 年，京津冀协同创新均衡指数达到 109.5%，与长三角的差距缩小到 1.5 个百分点；2017—2019 年京津冀协同创新均衡指数呈现下降态势，2019 年为 105.3%，低于同期长三角协同创新均衡指数（122.6%）17.3 个百分点，与长三角的差距进一步扩大。2020 年京津冀协同创新均衡指数升至 110.1%，但仍低于长三角（123.1%）13.0 个百分点。反观同期长三角，其协同创新均衡指数基本呈稳步增长态势，说明区域内各地之间的发展差距逐步缩小，2020 年长三角协同创新均衡指数高于 2014 年 23.1 个百分点，创历史最好纪录（图 4-3）。

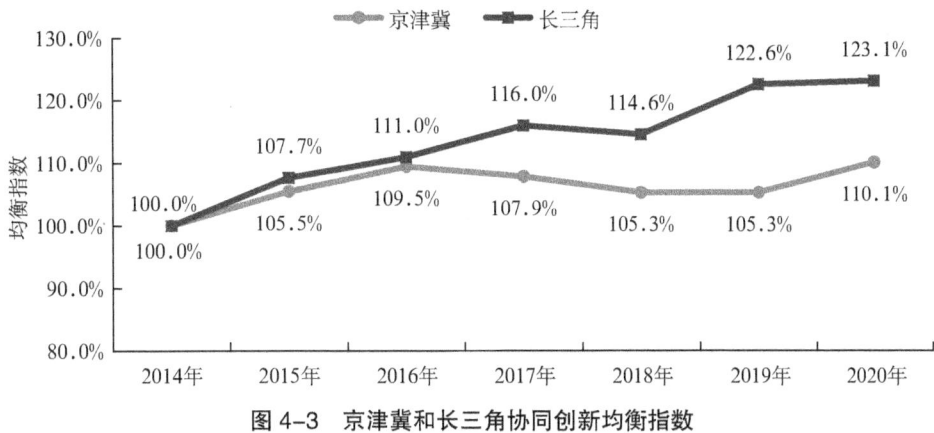

图 4-3 京津冀和长三角协同创新均衡指数

从区域内各地发展来看，京津冀三地个体发展速度不如长三角。京津冀的河北协同创新发展指数增速最快，但低于长三角发展最快的浙江；2020年，河北的协同创新发展指数高于2014年109.5个百分点，浙江的协同创新发展指数高于2014年117.4个百分点，河北比浙江低7.9个百分点。从域内的直辖市看，长三角中上海的协同创新发展指数明显高于京津冀中的北京和天津；相比于2014年，2020年，上海的协同创新发展指数增加了62.8个百分点，北京增加了41.9个百分点，天津增加了36.4个百分点（图4-4和图4-5）。

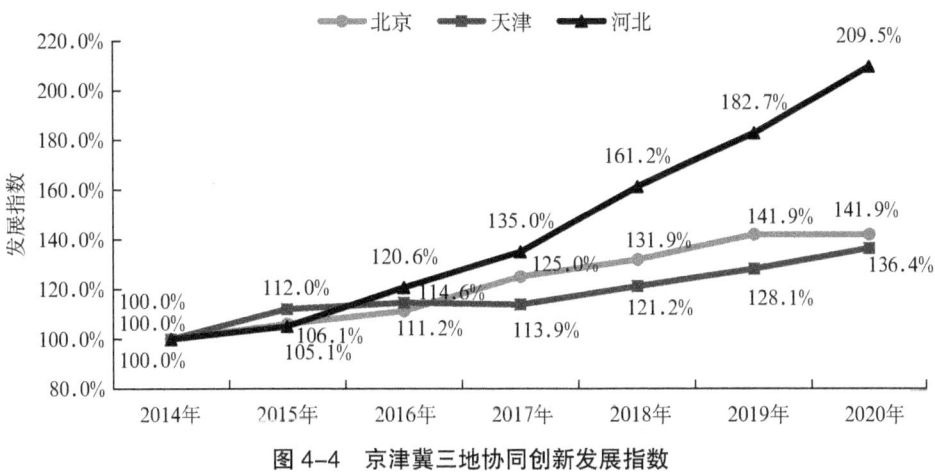

图 4-4 京津冀三地协同创新发展指数

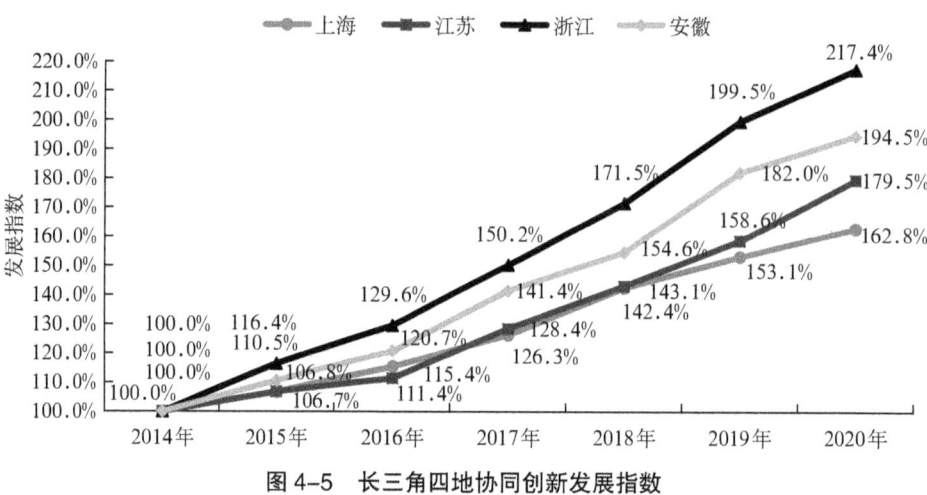

图 4-5 长三角四地协同创新发展指数

二、京津冀创新环境与长三角差距逐年扩大

评价结果显示,京津冀在创新环境方面的表现落后于长三角,且差距呈现扩大态势。2015 年京津冀创新环境协同指数为 113.4%,低于长三角(118.5%)5.1 个百分点,2020 年京津冀创新环境协同指数为 137.1%,低于长三角(169.4%)32.3 个百分点。2015—2020 年,京津冀与长三角创新环境协同指数的差距扩大了 27.2 个百分点(图 4-6)。

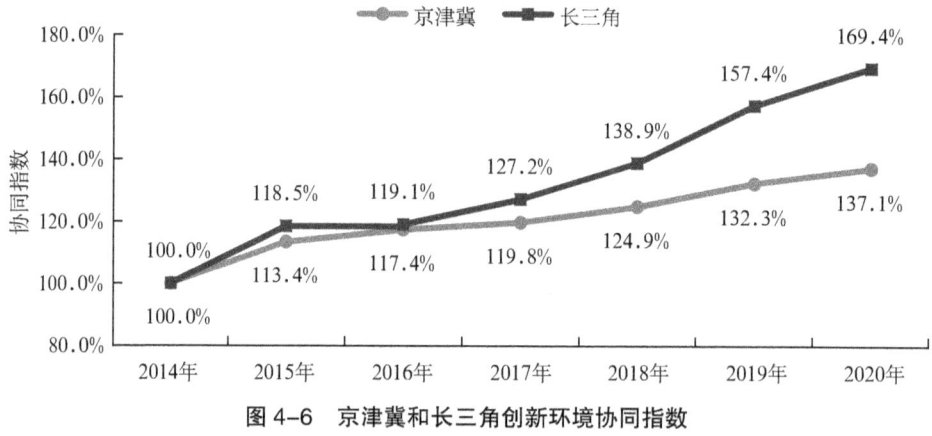

图 4-6 京津冀和长三角创新环境协同指数

2015 年京津冀创新环境发展指数为 108.0%,低于长三角(111.8%)3.8

个百分点；2020 年京津冀创新环境发展指数为 141.1%，比 2019 年下降了 1.1 个百分点，首次出现回落，导致与长三角的差距进一步加大，低于长三角（176.1%）35.0 个百分点，该差距创近年来最大纪录。2015 年京津冀创新环境均衡指数为 119.1%，低于长三角（125.6%）6.5 个百分点，2020 年为 133.2%，低于长三角（163.1%）29.9 个百分点。反观长三角，其创新环境均衡指数在 2016 年小幅回落，随后几年呈加快增长态势，2020 年升至 163.1%，其地区间发展差距迅速缩小（图 4-7 和图 4-8）。

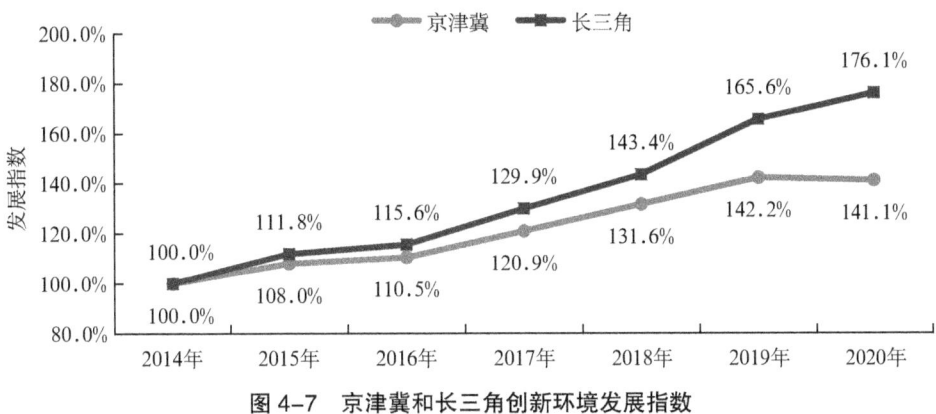

图 4-7　京津冀和长三角创新环境发展指数

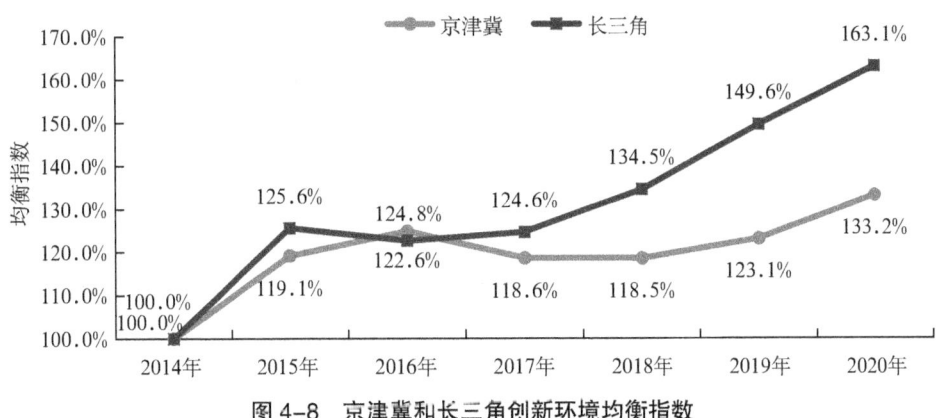

图 4-8　京津冀和长三角创新环境均衡指数

创新环境评价包括物流交通、网络信息和生态保护 3 个方面。京津冀创新环境协同指数低于长三角的主要原因是在物流交通和网络信息两个方面存在不足。

1. 京津冀物流交通协同指数持续回落

从物流交通协同指数看，2015年京津冀物流交通协同指数低于长三角7.5个百分点，2020年差距扩大到59.5个百分点。评价期间，长三角物流交通协同指数持续实现正增长，相对于2014年增长41.3个百分点，而京津冀物流交通协同指数持续负增长，相对于2014年下降18.2个百分点（图4-9）。

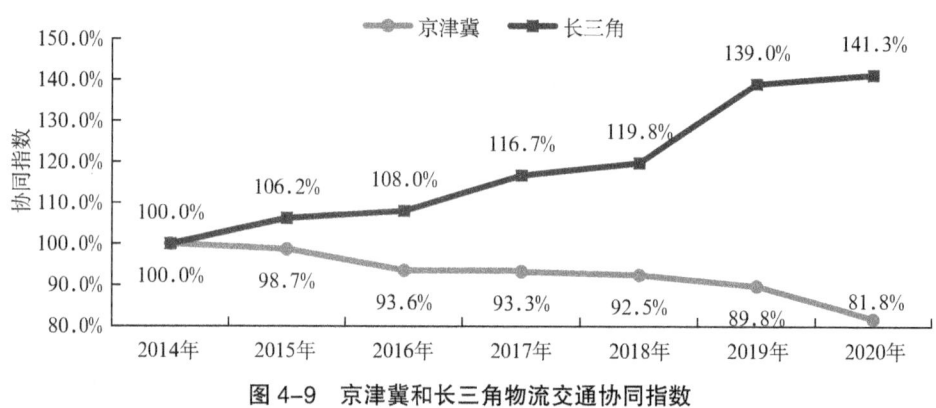

图4-9　京津冀和长三角物流交通协同指数

从物流交通的具体三级指标看，物流交通协同指数下降的主要原因是京津冀客运量显著减少。客运量是反映运输业为国民经济和人民生活服务的数量指标，也是衡量区域内各地人员流动的重要指标。从评价指标看，相对于2019年，2020年京津冀客运量协同指数下降26.7个百分点，同期长三角客运量协同指数下降23.6个百分点。主要是因为受新冠肺炎疫情影响，京津冀客运量由2019年的12.5亿人减少至2020年的5.9亿人，同比下降52.8%；长三角客运量由2019年的29.8亿人减少至2020年的18.5亿人，同比下降37.9%（图4-10）。

从京津冀和长三角区域内不同地区看，相比于2019年，2020年京津冀三地客运量均大幅下降，其中，北京客运量减少了32 040.7万人，河北和天津客运量分别减少27 056.4万人和7076.9万人，不同地区下降幅度的不同也影响了区域内三地之间的均衡状况，影响了京津冀客运量指标的增长。尽管2020年京津冀三地客运量均出现不同程度的下降，但北京客运量仍处于领先地位，担任着京津冀交通运输枢纽的重要角色。长三角四地客运量也出现了不同程度的下降，相比于2019年，2020年浙江客运量减少43 818.4万人，江苏客运量减少34 988.4万人,安徽和上海客运量分别减少26 909.0万人和7208.8万人。长三角四地中江苏客运量最高,之后依次是浙江、安徽和上海(图4-11和图4-12)。

《2020年中国城市地铁客运量报告》显示,中国内地2020年总客运量175.3亿人次,新冠肺炎疫情下的2020年,内地客运量在新冠肺炎疫情与新线加持的对冲下,较2019年(238.1亿人次)减少62.8亿人次,下降26.4%;日均4803.4万人次,较2019年(6552.8亿人次)下降26.7%。日均客运量达百万人次以上的城市中,除武汉外,降幅较大的城市分别为北京(-42.2%)、南京(-30.9%)、广州(-27.2%)和上海(-27.1%)。

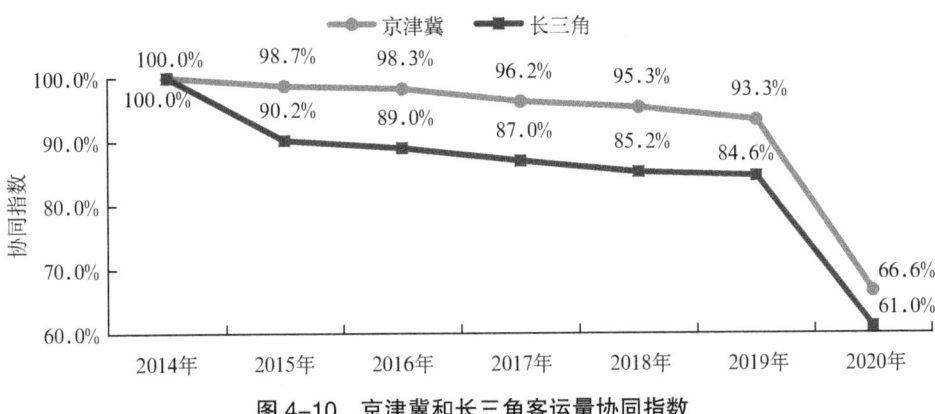

图4-10 京津冀和长三角客运量协同指数

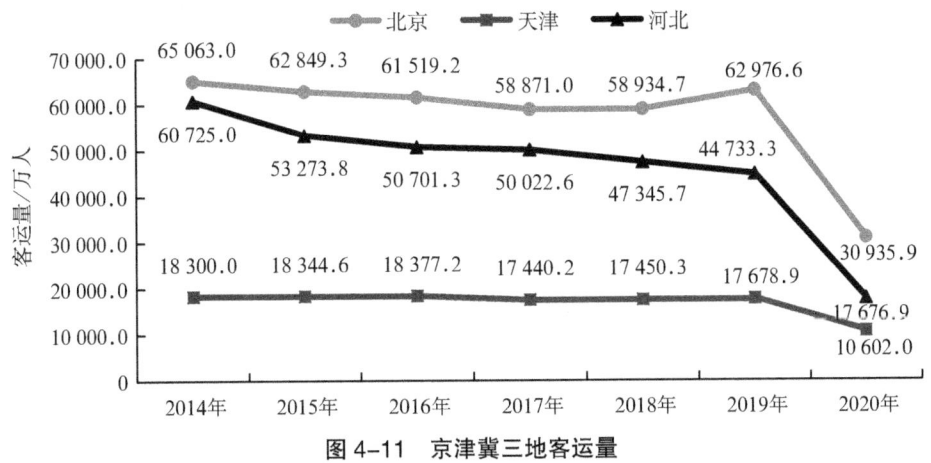

图4-11 京津冀三地客运量

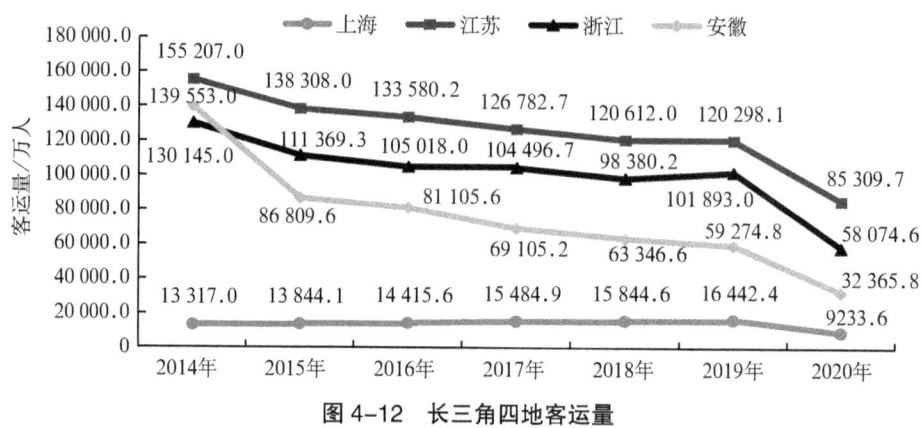

图 4-12　长三角四地客运量

京津冀和长三角物流交通协同指数差距扩大的主要原因是京津冀城市轨道交通发展相对迟缓。城市轨道交通是城市公共交通的骨干，具有节能、省地、运量大、全天候、污染少、安全等特点，有效提高了城市的土地使用效率，降低了通勤成本，减少了地面交通压力，提高了城市居民的交通便捷度，激发了市场活力，促进了商品流通，成为地区经济发展的重要标志。相对于 2014 年，2020 年京津冀轨道交通里程发展指数增长了 65.9 个百分点，而同期长三角增长了 345.2 个百分点，高出京津冀 279.3 个百分点。相比于 2014 年，2020 年京津冀轨道交通里程均衡指数增加了 10.0 个百分点，三地间轨道交通里程发展的均衡状况变化不大。但同期长三角轨道交通里程均衡指数增加了 92.2 个百分点，四地之间轨道交通里程的发展差距不断缩小，高于京津冀 82.2 个百分点，京津冀和长三角轨道交通里程均衡指数差距进一步扩大（图 4-13 和图 4-14）。

从京津冀和长三角区域内不同地区看，天津和河北的轨道交通里程增长较少，导致发展指数增速较低；同时与北京差距较大导致均衡指数增速较低。2014—2020 年天津和河北轨道交通里程年均增速分别为 8.4% 和 12.6%；2020 年北京轨道交通里程为 727.0 公里，约为天津的 3.0 倍，约为河北的 11.8 倍。而在长三角，区域内四地轨道交通里程在 2020 年均实现正增长。江苏轨道交通里程从 2014 年的 311.6 公里增长到 2020 年的 834.8 公里，年均增速为 17.9%，轨道交通里程超过上海，排名第一；上海轨道交通里程从 2014 年的 548.2 公里增长到 2020 年的 719.4 公里，年均增速为 4.6%；浙江轨道交通里程从 2014 年的 20.9 公里增长到 2020 年的 507.8 公里，年均增速为 70.2%。2020 年，长三角中安徽轨道交通里程最少，为 112.5 公里，约为京津冀中最少的河北的2倍。相对于长三角，京津冀城市轨道交通总体发展迟缓，并大幅落后（图4-15和图4-16）。

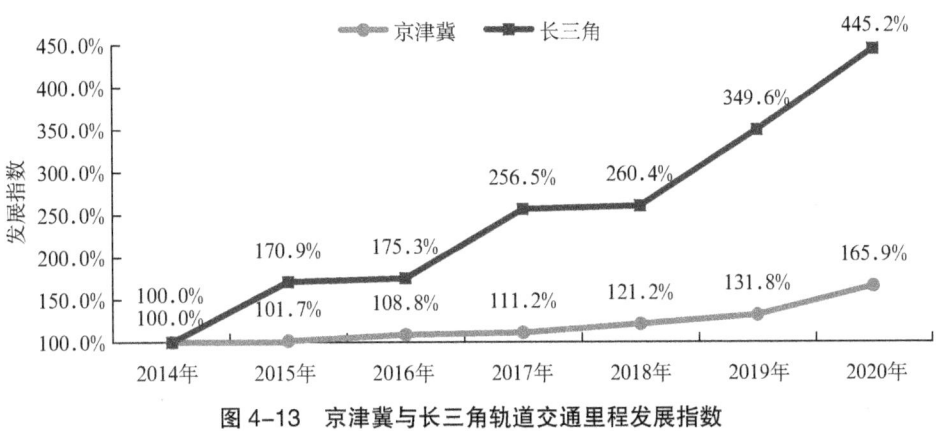

图4-13　京津冀与长三角轨道交通里程发展指数

图4-14　京津冀与长三角轨道交通里程均衡指数

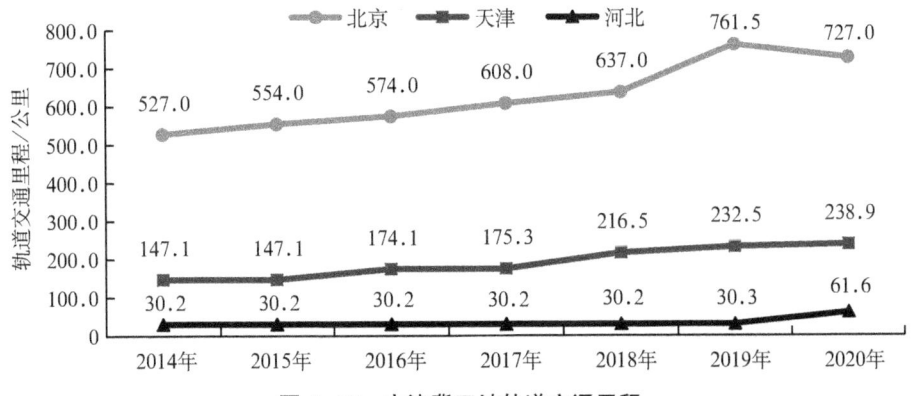

图4-15　京津冀三地轨道交通里程

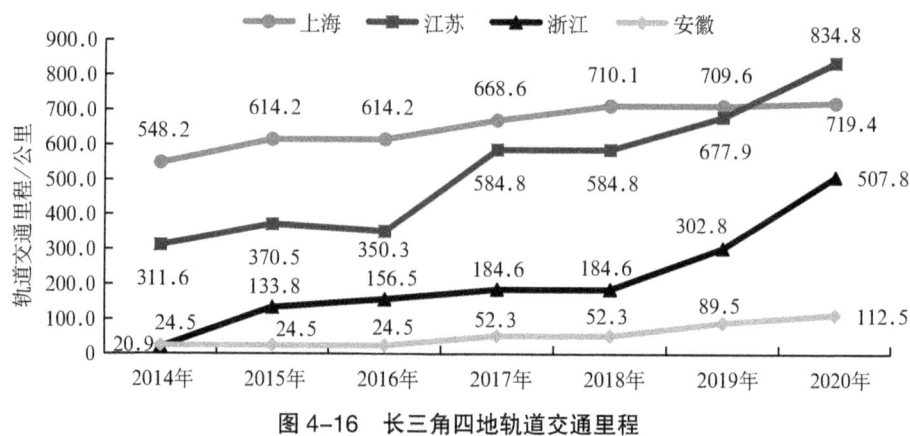

图 4-16 长三角四地轨道交通里程

2. 京津冀网络信息协同水平与长三角差距加大

在现代经济条件下，网络信息在区域协同发展中发挥着重要作用。互联网让网络信息打破了地区限制，降低了生产成本和顾客与产品之间的渠道成本，减少了物资、信息、资本和人才流动的盲目性，提高了创新资源的合理配置效率和生产要素及产品的合理流动效率，有效克服了空间距离给区域发展带来的束缚。因此，网络信息的协同创新，对区域科技、经济、社会协同发展起到了重要的推动作用。

评价结果显示，2014—2017年，京津冀与长三角的网络信息协同指数相差不大，并且京津冀网络信息协同指数略高于长三角，但由于受到北京2018年移动互联网用户数大幅下降和天津电子商务销售额出现波动等因素的影响，京津冀网络信息协同指数的优势消失，在2018年被长三角反超，且之后一直低于长三角。2020年，京津冀网络信息协同指数低于长三角13.5个百分点（图4-17）。

从网络信息下设的具体三级指标看，主要有下面两个表现。

一是京津冀移动互联网用户数增长低于长三角。2014—2017年，京津冀移动互联网用户数发展很快，但北京移动互联网用户数在2018年突然出现拐点，大幅下降，跌回2015年水平，使得京津冀移动互联网用户数协同指数增长的态势被终结，协同指数回落至116.1%，低于同期长三角7.8个百分点。2020年京津冀移动互联网用户数协同指数有所提升，但是增速低于长三角。2020年京津冀移动互联网用户数协同指数达到117.5%，低于长三角（131.9%）

14.4个百分点(图4-18)。

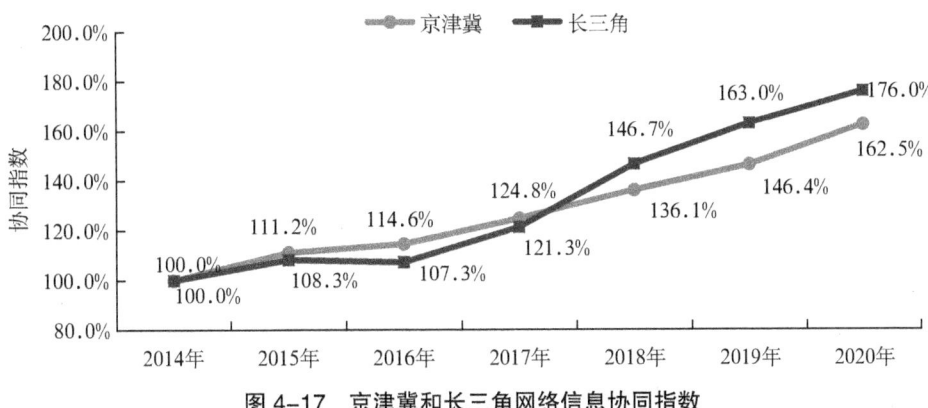

图4-17 京津冀和长三角网络信息协同指数

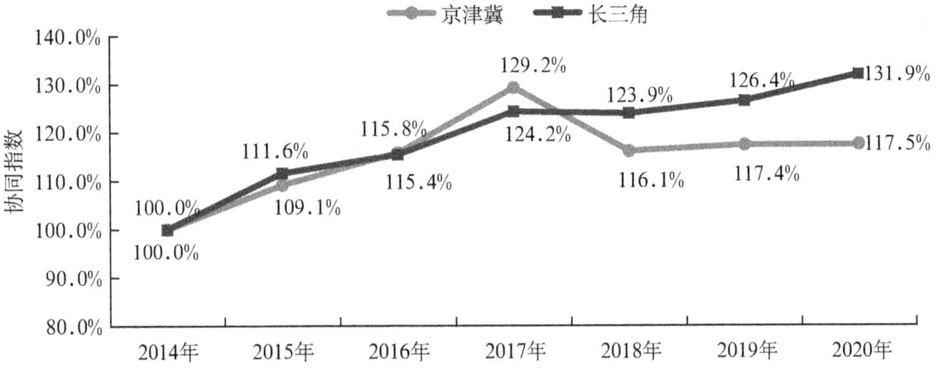

图4-18 京津冀和长三角移动互联网用户数协同指数

从京津冀和长三角区域内不同地区看,2018年,北京、江苏、浙江、安徽和上海的移动互联网用户数均有下降;2020年,京津冀中除北京移动互联网用户数呈小幅下降外,其他两地都实现稳步增长。2020年,京津冀移动互联网用户数为11 865.6万户,长三角移动互联网用户数为23 845.9万户,是京津冀的2.0倍。在京津冀区域内,河北移动互联网用户数始终高于北京和天津;在长三角区域内,江苏移动互联网用户数也持续处于领先地位。2020年江苏移动互联网用户数为8428.7万户,而河北移动互联网用户数仅为7104.0万户,比江苏少15.7%(图4-19和图4-20)。

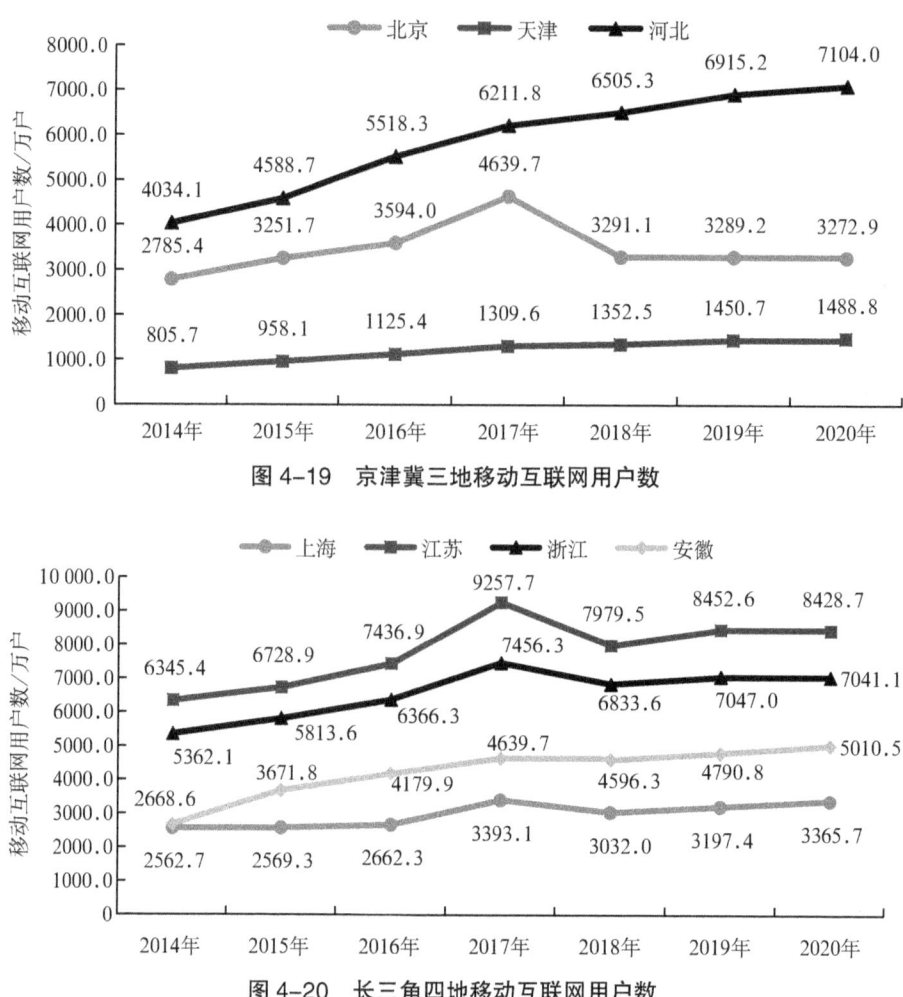

图 4-19　京津冀三地移动互联网用户数

图 4-20　长三角四地移动互联网用户数

二是京津冀电子商务销售额协同指数被长三角反超。2015—2016 年,京津冀电子商务销售额协同指数高于长三角,2017 年出现下降,协同发展领先优势被逆转。尽管随后几年京津冀电子商务销售额逐年增加,但是,其协同指数始终低于长三角。2020 年,京津冀电子商务销售额协同指数达到 154.7%,低于长三角(175.6%)20.9 个百分点(图 4-21)。

图 4-21　京津冀和长三角电子商务销售额协同指数

从京津冀和长三角区域内不同地区看,天津和河北电子商务销售额规模偏小,2020 年天津电子商务销售额为 4342.0 亿元,比 2014 年增加 2395.5 亿元,年均增速为 14.3%;2020 年河北电子商务销售额为 4402.3 亿元,比 2014 年增加 2772.6 亿元,年均增速为 18.0%;两地总量不到北京、上海之和的 1/5。长三角四地电子商务销售额总体均呈增长态势,其中上海增长最多,2020 年为 23 624.8 亿元,2014—2020 年上海年均增速为 11.3%。2020 年,长三角电子商务销售额为 55 219.4 亿元,是京津冀的 1.6 倍(图 4-22 和图 4-23)。

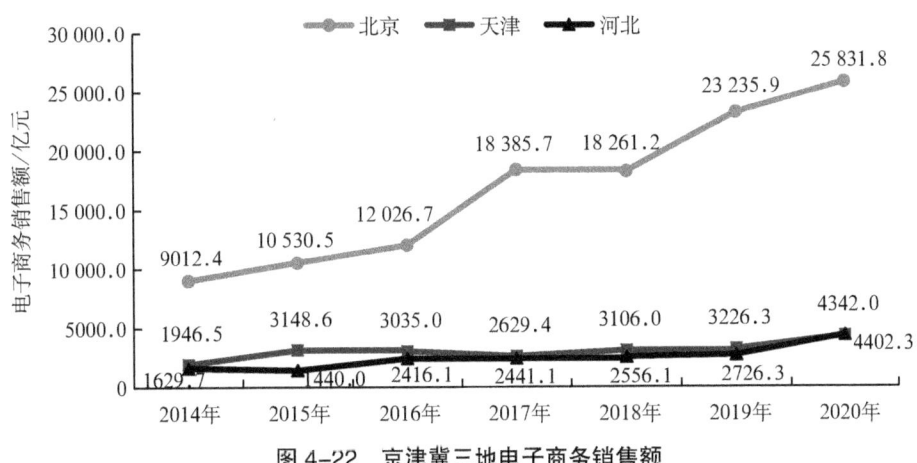

图 4-22　京津冀三地电子商务销售额

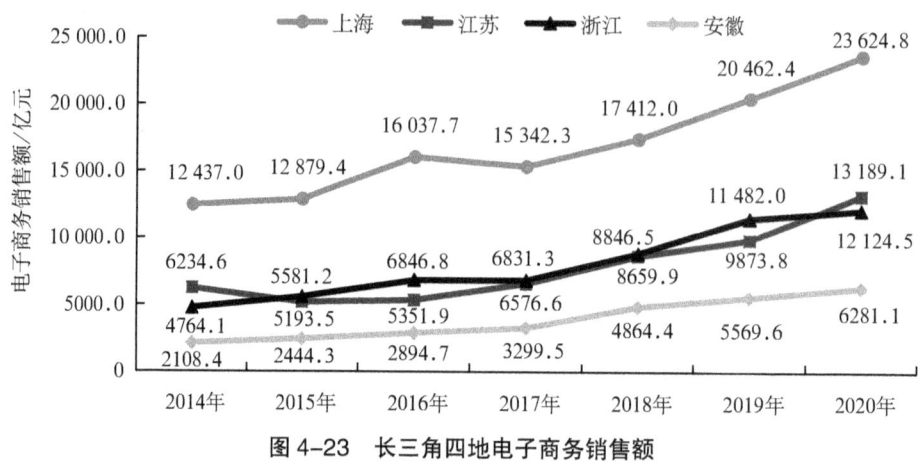

图 4-23　长三角四地电子商务销售额

三、京津冀创新资源协同有待突破

创新资源是利用人力、财力、物力开展创新活动，形成创新成果的核心要素。在创新资源中，创新机构是开展创新活动的重要载体，人力、财力、物力的投入是开展创新活动的基础，获取创新成果是创新活动的最终目标。比较京津冀和长三角创新资源的发展轨迹可以看出，京津冀创新资源协同指数不及长三角。

评价结果显示，2015—2020年京津冀在创新资源方面的表现基本一直落后于长三角。2020年京津冀创新资源协同指数达到145.2%，低于长三角26.0个百分点；2020年京津冀创新资源发展指数为210.8%，低于长三角39.2个百分点；2020年京津冀创新资源均衡指数为99.9%，低于长三角17.2个百分点。可以看出，京津冀创新资源整体发展速度慢于长三角（图4-24至图4-26）。

创新资源评价包括创新机构、创新投入和创新成果3个方面。京津冀创新资源协同指数低于长三角的主要原因是在创新投入和创新成果两个方面存在不足。

1. 京津冀R&D人员折合全时当量和R&D经费内部支出双双低于长三角

创新投入主要从全社会创新人力、创新财力和地方政府对创新活动的支持3个方面进行评价，包括R&D人员折合全时当量、R&D经费内部支出和地方财政科技支出 3 个重点指标。

图 4-24　京津冀和长三角创新资源协同指数

图 4-25　京津冀和长三角创新资源发展指数

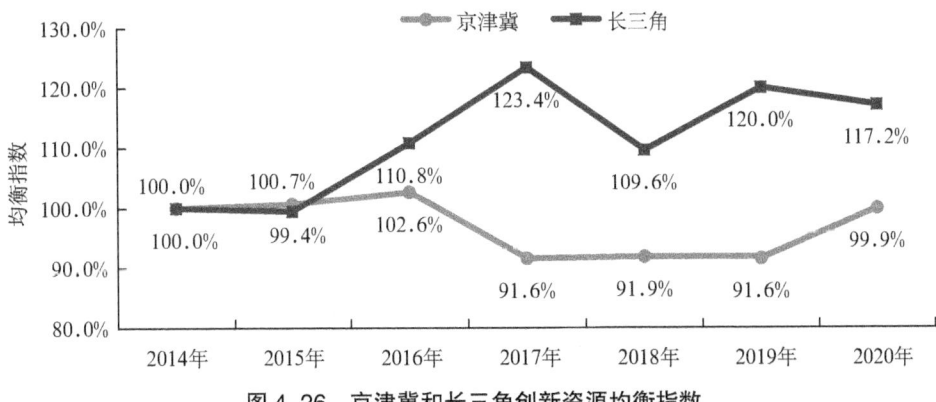

图 4-26　京津冀和长三角创新资源均衡指数

评价结果显示，京津冀创新投入协同指数从 2015 年低于长三角 0.5 个百分点，扩大到 2020 年相差 45.0 个百分点。2014—2020 年京津冀创新投入协同指数年均增速只有 1.2%，长三角年均增速为 7.2%。评价期内，长三角创新投入协同指数呈稳步增长态势，而京津冀创新投入协同指数在 2015—2016 年经历小幅增长后，2016—2018 年呈回落态势，尽管 2018—2020 年有所回升，但增长速度缓慢，与长三角创新投入协同指数的差距越来越大（图 4-27）。

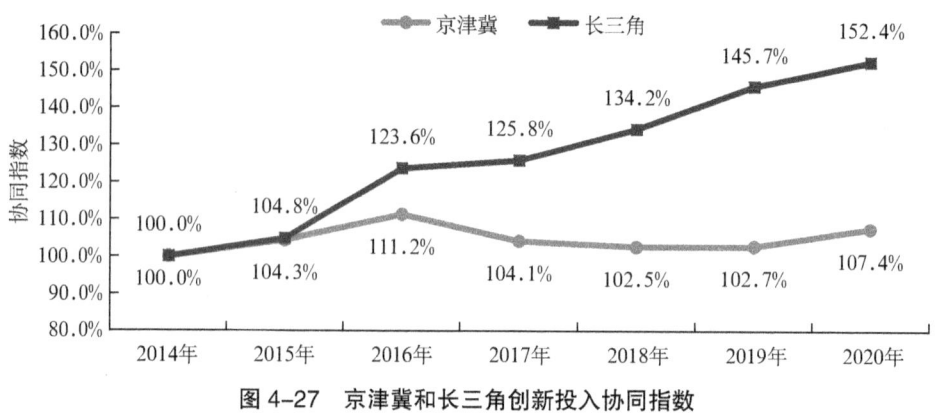

图 4-27　京津冀和长三角创新投入协同指数

从创新投入下设的具体三级指标看，主要有下面 3 个表现。

一是京津冀 R&D 人员折合全时当量及其年均增速均低于长三角。2020 年，京津冀 R&D 人员折合全时当量为 55.2 万人年，不足长三角的 1/3。2014—2020 年京津冀 R&D 人员折合全时当量年均增长 3.1%，低于长三角 6.7% 的年均增速（图 4-28）。

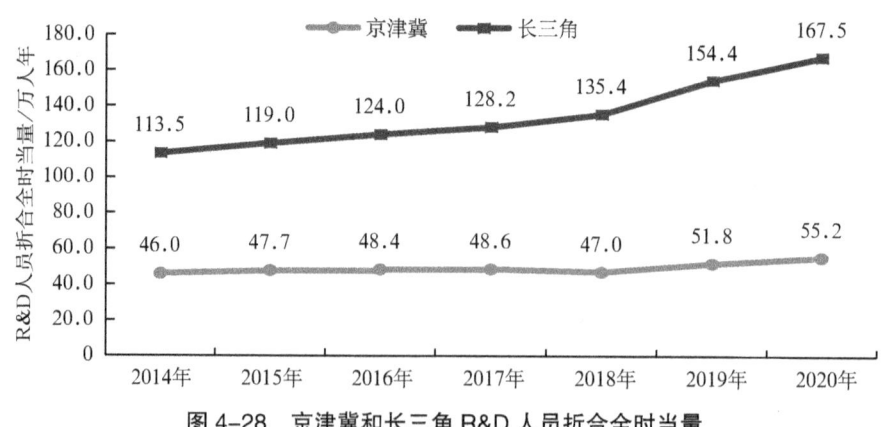

图 4-28　京津冀和长三角 R&D 人员折合全时当量

从京津冀和长三角区域内不同地区看，2020年北京R&D人员折合全时当量达到33.6万人年，比2014年增加了9.1万人年，2014—2020年年均增速为5.4%；2020年天津R&D人员折合全时当量达到9.1万人年，比2014年减少了2.3万人年，2014—2020年年均增速为-3.7%；2020年河北R&D人员折合全时当量达到12.5万人年，2014—2020年年均增速为3.6%。2020年上海R&D人员折合全时当量达到22.9万人年，2014—2020年年均增速为5.3%；2020年江苏R&D人员折合全时当量达到66.9万人年，2014—2020年年均增速为5.0%；2020年浙江R&D人员折合全时当量达到58.3万人年，2014—2020年年均增速为9.5%；2020年安徽R&D人员折合全时当量达到19.5万人年，2014—2020年年均增速为7.1%。京津冀年均增速最小的天津比长三角年均增速最小的江苏低8.7个百分点，京津冀年均增速最大的北京比长三角年均增速最大的浙江低4.1个百分点。京津冀R&D人员折合全时当量无论是在总量规模上，还是在增长速度上均低于长三角（表4-1）。

表4-1 京津冀和长三角各地区R&D人员折合全时当量增速

地区	2015年	2016年	2017年	2018年	2019年	2020年	2014—2020年年均增速
京津冀	3.8%	1.5%	0.4%	-3.3%	10.2%	6.5%	3.1%
北京	0.1%	3.1%	6.5%	-0.9%	17.4%	7.1%	5.4%
天津	9.7%	-4.0%	-13.7%	-3.5%	-7.0%	-2.0%	-3.7%
河北	6.0%	4.1%	1.6%	-8.8%	8.3%	11.9%	3.6%
长三角	4.9%	4.1%	3.4%	5.6%	14.1%	8.5%	6.7%
上海	2.2%	7.1%	-0.3%	2.5%	5.6%	15.1%	5.3%
江苏	4.3%	4.4%	3.0%	0.0%	13.4%	5.3%	5.0%
浙江	7.8%	3.2%	5.7%	15.1%	16.7%	9.0%	9.5%
安徽	3.3%	1.7%	3.4%	4.8%	19.1%	11.0%	7.1%

二是京津冀R&D经费内部支出年均增速不仅低于长三角还低于全国平均水平。2014—2020年京津冀R&D经费内部支出年均增长9.1%，不仅低于同

期长三角年均水平（11.6%）2.5个百分点，而且低于同期全国平均水平（11.0%）1.9个百分点，从而导致京津冀R&D经费内部支出占全国的比重由2014年的15.7%回落至2020年的14.1%，下降1.6个百分点，而同期长三角R&D经费内部支出占全国的比重由2014年的29.3%增长至2020年的30.2%，增加0.9个百分点（图4-29）。

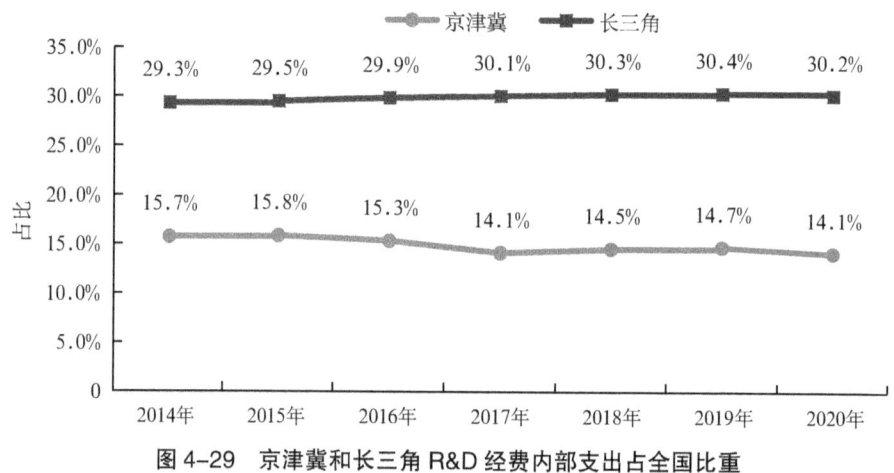

图4-29 京津冀和长三角R&D经费内部支出占全国比重

从京津冀区域内不同地区看，2020年北京R&D经费内部支出达到2326.6亿元，2014—2020年年均增速达到10.6%；2020年天津R&D经费内部支出为485.0亿元，2014—2020年年均增速为0.7%；2020年河北R&D经费内部支出为634.4亿元，2014—2020年年均增速达到12.5%。京津冀R&D经费内部支出与长三角的差距由2014年的1769.6亿元扩大到2020年的3918.8亿元（图4-30）。

三是京津冀地方财政科技支出年均增速只有长三角1/2。评价指标显示，2020年京津冀地方财政科技支出为630.9亿元，相比2014年增加了187.9亿元，年均增速为6.1%。2020年长三角地方财政科技支出为1832.7亿元，为京津冀的2.9倍，2014—2020年长三角地方财政科技支出年均增速为12.0%，约是京津冀年均增速的2.0倍（图4-31）。

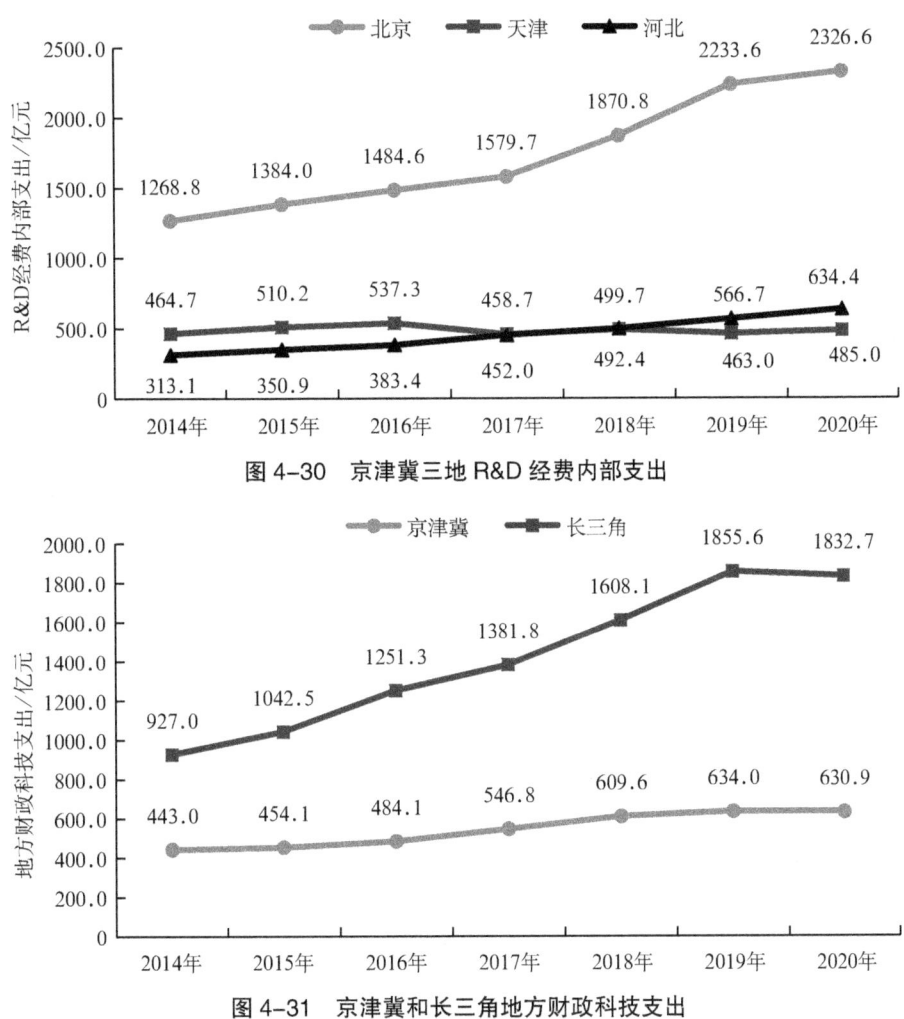

图 4-30　京津冀三地 R&D 经费内部支出

图 4-31　京津冀和长三角地方财政科技支出

从京津冀和长三角区域内不同地区看，北京和天津增速低、河北投入少是京津冀地方财政科技支出增长乏力的主要原因。北京作为全球研发中心，创新投入更多来源于中央财政，2020 年北京地方财政科技支出总额为 411.0 亿元。2014—2020 年，北京地方财政科技支出年均增速为 6.4%，低于上海 1.1 个百分点。2020 年天津地方财政科技支出相比 2014 年增加 9.2 亿元，2014—2020 年年均增速只有 1.4%。河北地方财政科技支出在 2020 年首次突破百亿元，达到 101.8 亿元，2014—2020 年年均增速为 12.1%。相比之下，长三角区域内的 4 个地区，2020 年地方财政科技支出最低的安徽达到 370.0 亿元，是河北的 3.6

倍。相比于 2014 年，长三角地方财政科技支出的增加量是京津冀的 4.8 倍，年均增速高于京津冀 6.0 个百分点，长三角地方财政科技支出明显高于京津冀（图 4-32）。

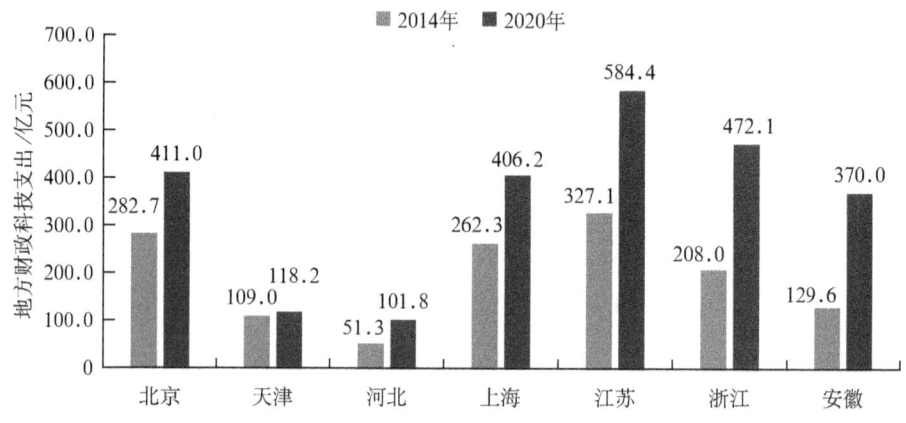

图 4-32　2014 年、2020 年京津冀和长三角各地区地方财政科技支出

2. 京津冀创新成果与长三角差距有所扩大

评价结果显示，2015 年京津冀创新成果协同指数达到 109.5%，高于长三角 1.2 个百分点，但到 2020 年京津冀创新成果协同指数为 211.0%，低于长三角 37.1 个百分点。究其原因，主要是受京津冀创新成果发展指数影响。京津冀创新成果发展指数从 2016 年高于长三角 10.4 个百分点，到 2020 年低于长三角 62.2 个百分点（图 4-33 和图 4-34）。

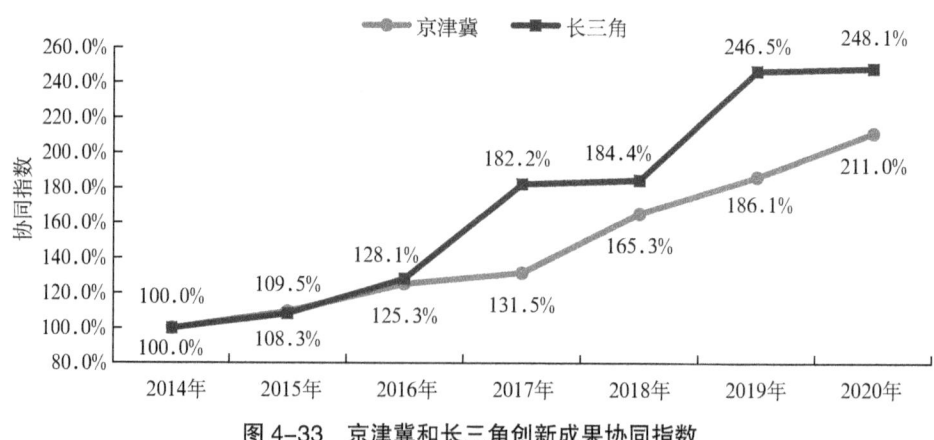

图 4-33　京津冀和长三角创新成果协同指数

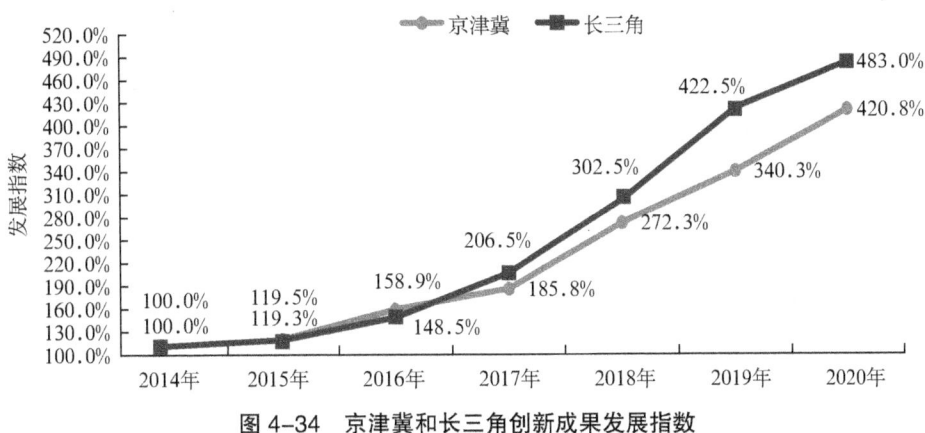

图 4-34　京津冀和长三角创新成果发展指数

从创新成果下设的具体三级指标看，主要有下面两个表现。

一是京津冀输出技术成交额均衡指数与长三角差距加大。从评价结果可以看出，京津冀输出技术成交额均衡指数从 2015 年高于长三角 2.4 个百分点，发展到 2020 年低于长三角 59.0 个百分点。2020 年，长三角输出技术成交额均衡指数达到了 178.6%，相比于 2014 年，增加了 78.6 个百分点，表明区域内各地区之间输出技术成交额差距越来越小。而同期京津冀输出技术成交额均衡指数增加了 19.6 个百分点，与长三角差距加大（图 4-35）。

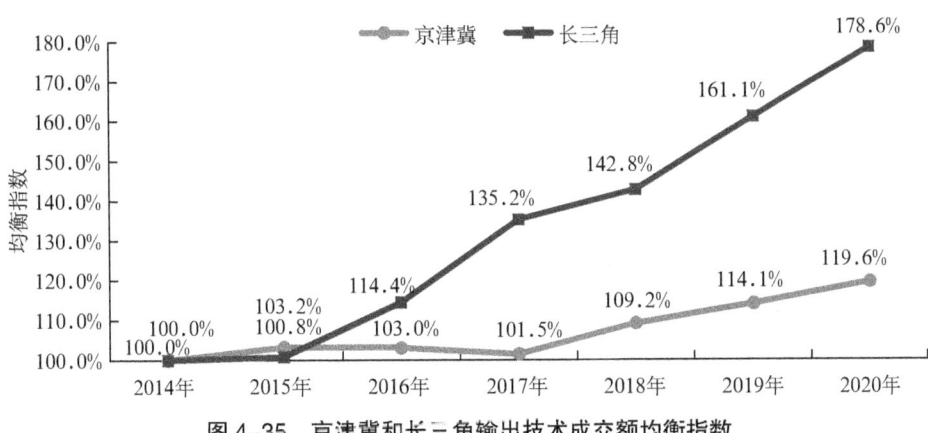

图 4-35　京津冀和长三角输出技术成交额均衡指数

从京津冀和长三角区域内不同地区看，2014—2020 年，北京输出技术成交额远远大于天津、河北，2020 年北京输出技术成交额达到 6316.2 亿元，天津和河北分别为 1089.6 亿元和 555.0 亿元，约为北京的 1/6 和 1/11。相比之下，长三角四地输出技术成交额发展相对均衡，相互之间发展差距较小，其中，2020 年输出技术成交额最高的是江苏 2087.8 亿元，最低的为安徽 659.6 亿元，江苏是安徽的 3.2 倍（图 4-36 和图 4-37）。

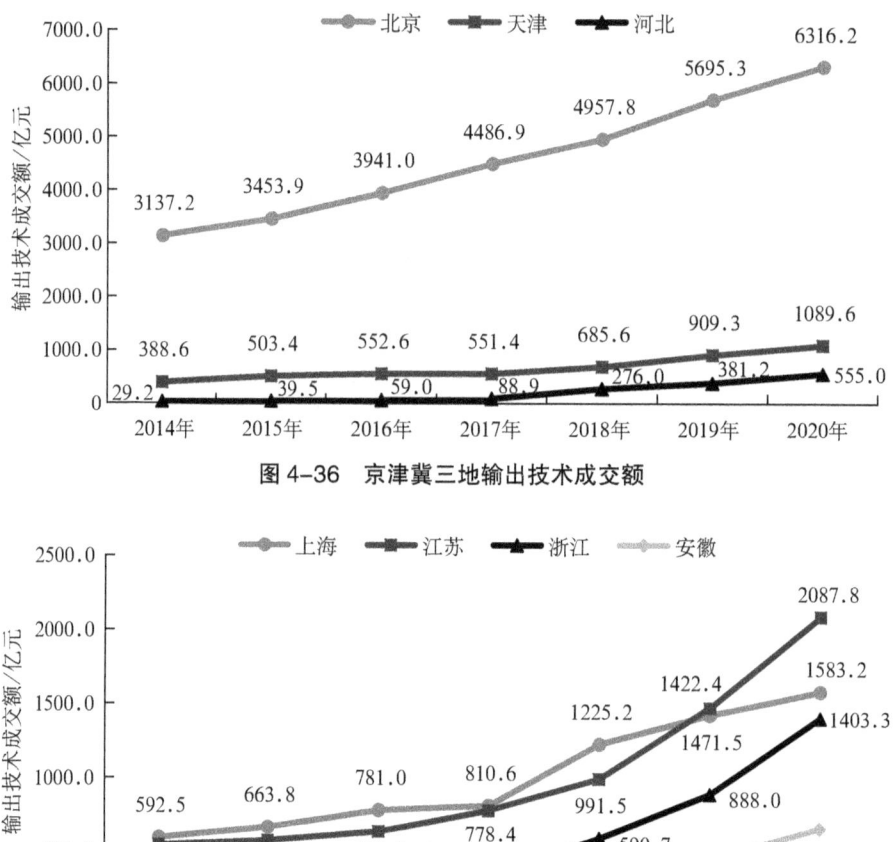

图 4-36 京津冀三地输出技术成交额

图 4-37 长三角四地输出技术成交额

二是京津冀有效发明专利数增速低于长三角。2020 年，京津冀有效发明专利数为 40.8 万件，相比 2014 年增加了 28.0 万件，年均增速为 21.4%。2020 年长三角有效发明专利数为 73.5 万件，是京津冀的 1.8 倍。尽管长三角有效发明专利数总量较大，但增速始终保持强劲态势，2014—2020年年均增速达到23.6%，高出京津冀2.2个百分点。2020年，京津冀有效发明专利数协同指数达到176.2%，虽然发展势头很好，但仍落后于长三角（210.6%）34.4个百分点（图4-38和图4-39）。

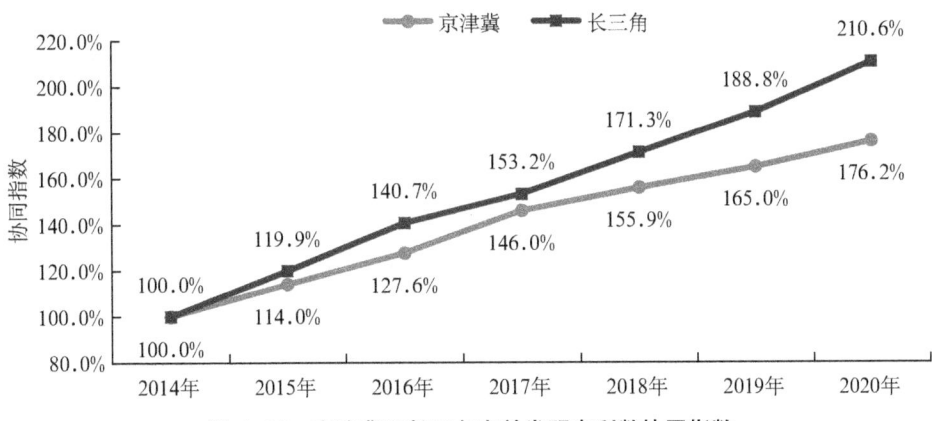

图4-38　京津冀和长三角有效发明专利数协同指数

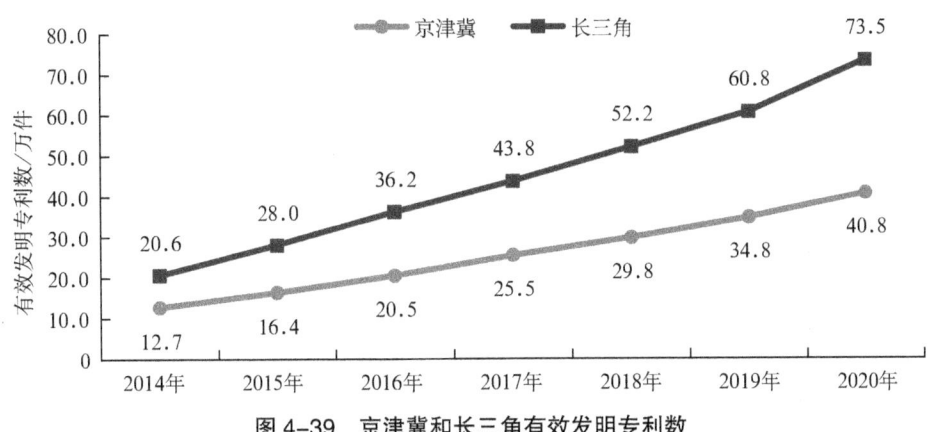

图4-39　京津冀和长三角有效发明专利数

从京津冀和长三角区域内不同地区看，河北和天津有效发明专利数总量小、增速低。2014年，天津和河北有效发明专利数分别为1.5万件和0.9万件，合计为长三角中最少的安徽的1.5倍，但是到2020年，天津和河北的有效发明专利数合计为7.2万件，只相当于安徽的74%。2014—2020年天津和河北有效发明专利数年均增速远低于安徽（图4-40）。

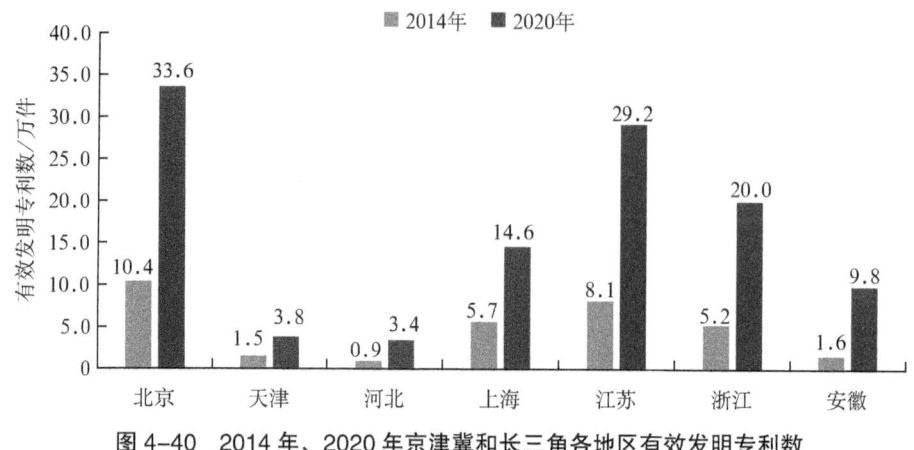

图 4-40　2014 年、2020 年京津冀和长三角各地区有效发明专利数

四、京津冀创新经济有待加速发展

随着经济全球化飞速发展，区域协同创新不仅能够促进产业结构优化升级，而且是驱动区域经济高质量、可持续发展的强大动力，有利于提升区域整体竞争力。

评价结果显示，京津冀在创新经济方面的表现不如长三角。2015 年京津冀创新经济协同指数低于长三角 2.2 个百分点，2020 年扩大至 3.9 个百分点；2015 年京津冀创新经济发展指数低于长三角 2.3 个百分点，2020 年扩大至 13.4 个百分点。可以看出，京津冀在创新经济方面，整体发展速度慢于长三角（图 4-41 和图 4-42）。

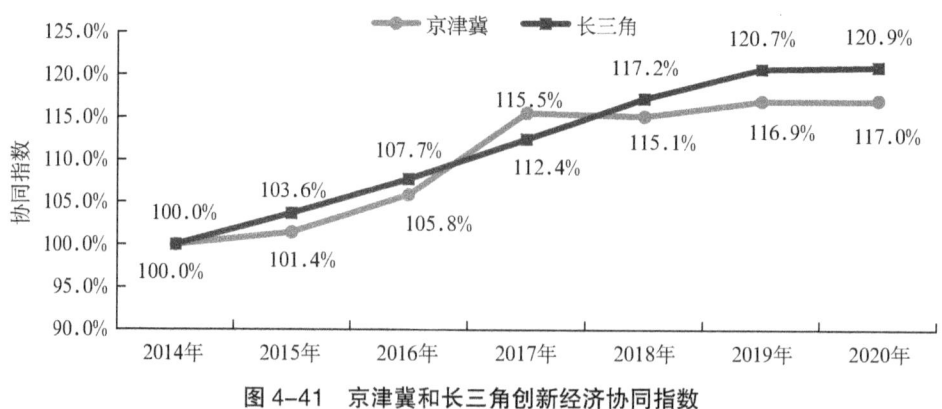

图 4-41　京津冀和长三角创新经济协同指数

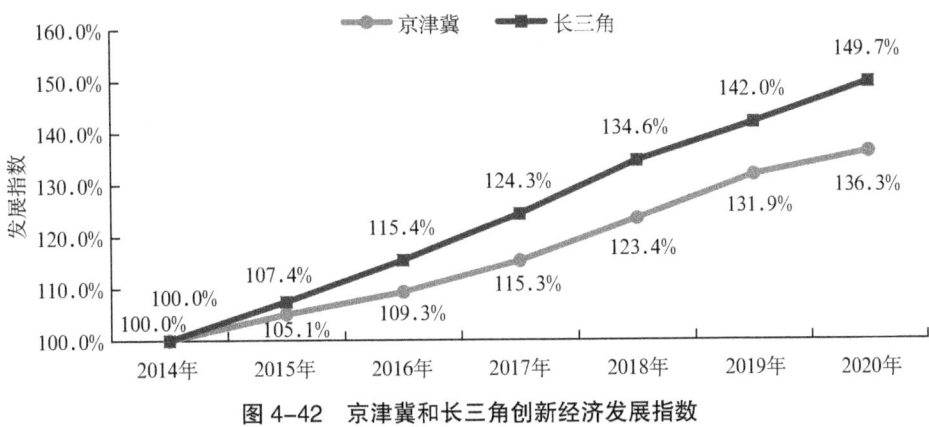

图 4-42 京津冀和长三角创新经济发展指数

创新经济评价包括高新产业、经济发展和经济成果 3 个方面。京津冀创新经济协同指数低于长三角的主要原因是在高新产业和经济成果两个方面存在不足。

1. 京津冀高新产业发展速度偏慢

创新是动力，产业是关键。通过聚焦科技创新，推动技术进步，不断优化产业结构，提升区域高新产业发展水平，强化科技创新对区域经济发展的支撑引领作用，实现区域经济社会高质量发展。

评价结果显示，京津冀高新产业协同指数呈倒 V 字形发展，从 2014 年的 100.0% 增加到 2017 年的 129.7%，达到峰值后一路呈下降态势，到 2020 年，京津冀高新产业协同指数为 118.8%。而同期长三角高新产业协同指数一直呈稳步上升态势，从而导致京津冀高新产业协同指数从 2017 年高于长三角（115.4%）14.3 个百分点，发展到 2020 年低于长三角（132.0%）13.2 个百分点（图 4-43）。

从高新产业下设的具体三级指标看，主要有下面两个表现。

一是京津冀高技术产品出口额有所回落。2014 年京津冀高技术产品出口额为 414.5 亿美元，2020 年回落至 354.2 亿美元，相比 2014 年减少了 60.3 亿美元，年均增速为 -2.6%。而同期，长三角高技术产品出口额从 2014 年的 2400.4 亿美元增加到 2020 年的 2733.3 亿美元，年均增速为 2.2%，高出京津冀 4.8 个百分点（图 4-44）。

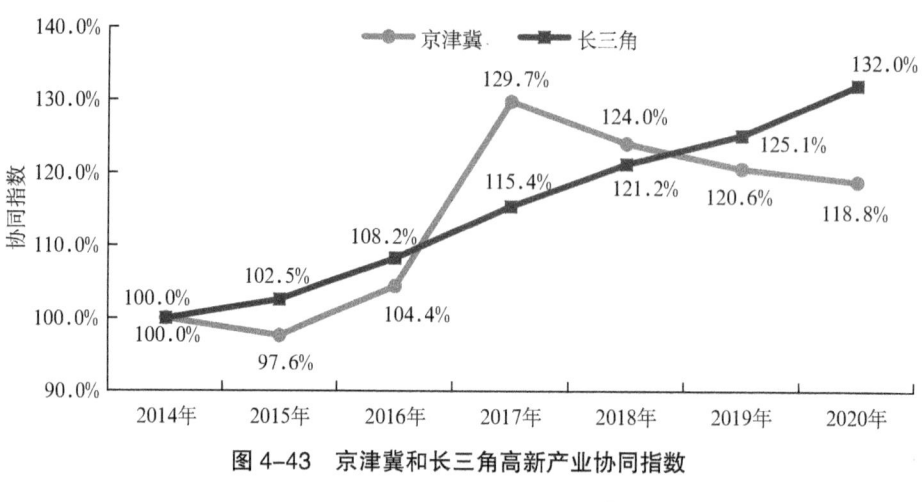

图 4-43 京津冀和长三角高新产业协同指数

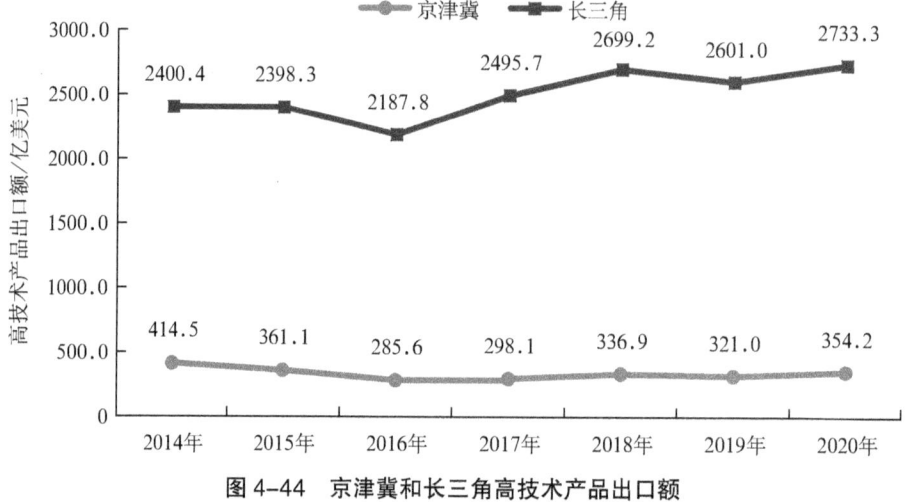

图 4-44 京津冀和长三角高技术产品出口额

从京津冀和长三角区域内不同地区看，2014—2020 年北京高技术产品出口额从 187.5 亿美元增加到 197.6 亿美元，年均增速仅有 0.9%；天津高技术产品出口额呈下降趋势，从 2014 年的 199.4 亿美元减少到 2020 年的 125.9 亿美元，年均增速为 -7.4%；同期，河北高技术产品出口额虽然实现了 1.9% 的年均增长，但 2020 年高技术产品出口额为 30.7 亿美元，相对于 2014 年仅增长 3.2 亿美元。相比之下，长三角三省一市中 3 个省呈现正增长：安徽高技术产品出口额从 2014 年的 61.2 亿美元增加到 2020 年的 128.1 亿美元，年均增速为 13.1%；同期浙江高技术产品出口额从 155.0 亿美元增加到 292.9 亿美元，年均增速为11.2%；规模最大的江苏高技术产品出口额从2014年的1293.6亿美元增加到2020年的1477.0亿美元，年均增速为2.2%（图4-45）。

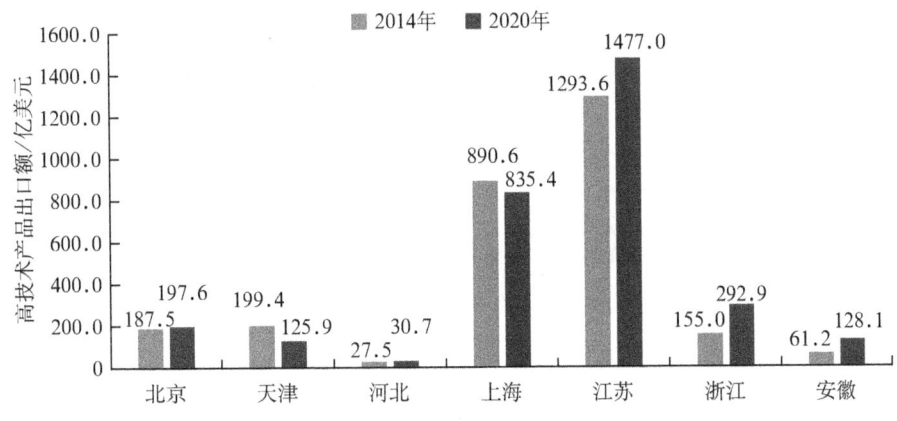

图4-45　2014年、2020年京津冀和长三角各地区高技术产品出口额

二是京津冀规模以上工业企业新产品销售收入基数小、增速低。京津冀规模以上工业企业新产品销售收入从2014年的13 246.1亿元，增加到2020年的16 427.9亿元，仅相当于长三角的1/6～1/4，年均增速为3.7%。同期，长三角规模以上工业企业新产品销售收入年均增速为9.0%，高出京津冀5.3个百分点。从规模以上工业企业新产品销售收入发展指数看，2020年京津冀发展指数相对于2014年增加了23.1个百分点，同期长三角增加了67.6个百分点，是京津冀的2.9倍。数据显示，京津冀与长三角规模以上工业企业新产品销售收入差距正在逐步拉大（图4-46和图4-47）。

从京津冀和长三角区域内不同地区看，2015—2020年京津冀三地规模以上工业企业新产品销售收入均小于长三角四地。2020年，河北规模以上工业企业新产品销售收入为7191.0亿元，在京津冀中高居首位，2014—2020年年均增速为13.7%。北京规模以上工业企业新产品销售收入在2015年出现回落，直至2018年才勉强恢复到2014年水平。天津规模以上工业企业新产品销售收入自2017年开始持续回落，到2020年才恢复正增长，达到3892.0亿元，但仅为2014年的2/3左右。同期，长三角四地规模以上工业企业新产品销售收入均整体呈正增长，其中安徽增速最快，2014—2020年年均增速为14.7%，高于河北1.0个百分点（图4-48和图4-49）。

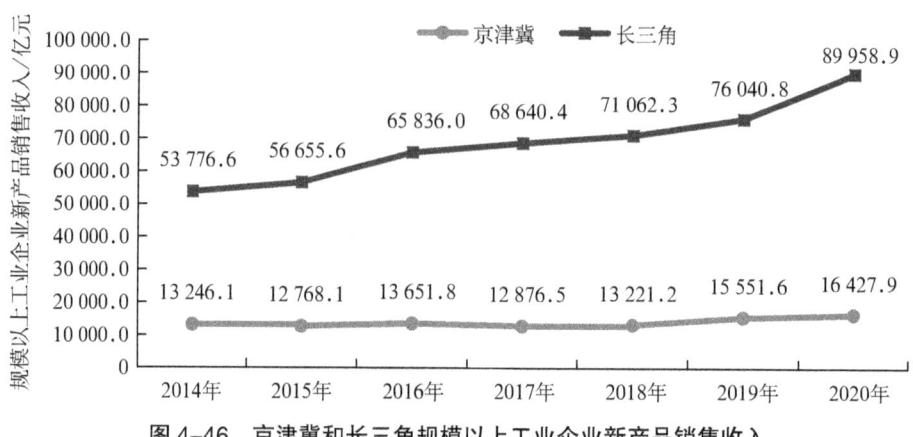

图 4-46 京津冀和长三角规模以上工业企业新产品销售收入

图 4-47 京津冀和长三角规模以上工业企业新产品销售收入发展指数

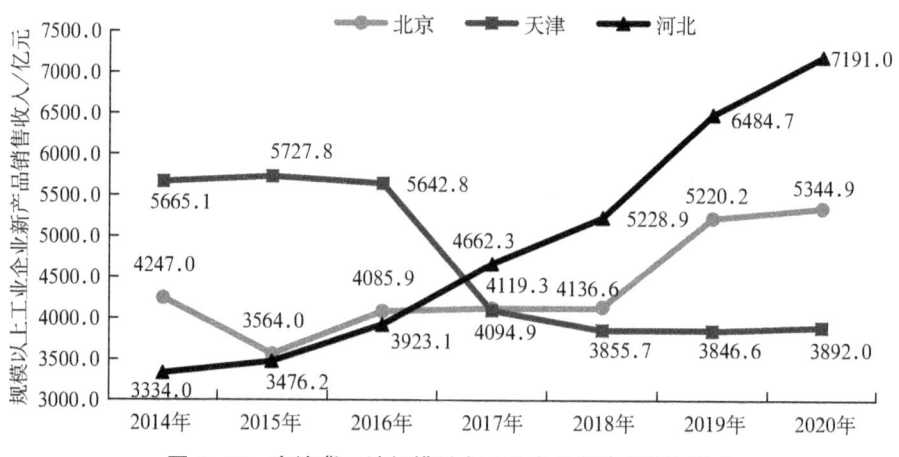

图 4-48 京津冀三地规模以上工业企业新产品销售收入

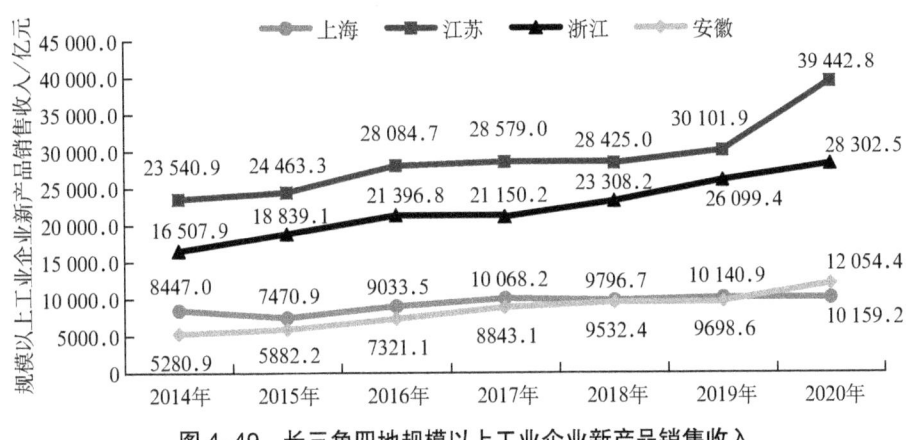

图 4-49 长三角四地规模以上工业企业新产品销售收入

2. 京津冀经济成果协同指数低于长三角

评价结果显示,京津冀经济成果协同指数一直稳步上升,但始终低于长三角。2015 年,京津冀经济成果协同指数低于长三角 0.9 个百分点;2020 年,京津冀经济成果协同指数低于长三角 3.2 个百分点,差距有所扩大(图 4-50)。

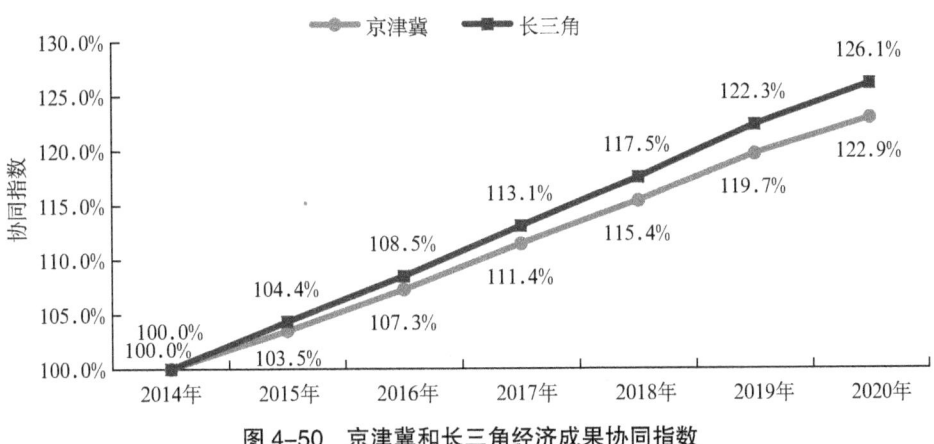

图 4-50 京津冀和长三角经济成果协同指数

从经济成果下设的具体三级指标看,主要有下面两个表现。

一是京津冀人均 GDP 协同指数始终低于长三角。2020 年,京津冀人均 GDP 协同指数为 119.3%,低于长三角 2.7 个百分点。京津冀人均 GDP 从 2014 年的 5.3 万元增加到 2020 年的 7.2 万元,年均增速为 5.4%,低于同期长三角人均GDP年均增速（5.7%）0.3个百分点（图4-51）。

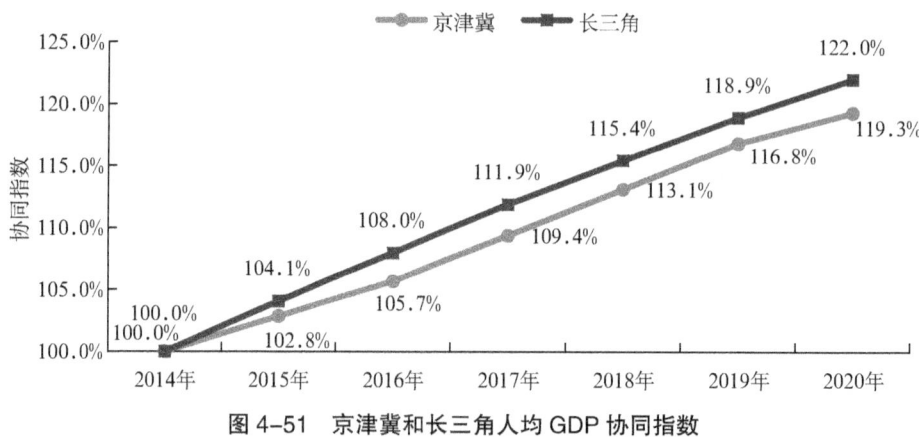

图4-51　京津冀和长三角人均GDP协同指数

二是京津冀居民人均可支配收入均衡程度不及长三角。京津冀居民人均可支配收入均衡指数在2015年、2018年和2019年均低于100.0%，尽管2020年达到102.3%，但是低于长三角3.1个百分点。2015—2020年长三角居民人均可支配收入均衡指数均高于100.0%，基本呈稳步增长态势，2020年达到105.4%。2020年京津冀居民人均可支配收入为3.8万元，相比于2014年增加1.4万元，年均增速为8.0%。2020年长三角居民人均可支配收入为4.5万元，相比于2014年增加1.7万元，年均增速为8.3%，高于京津冀0.3个百分点（图4-52和图4-53）。

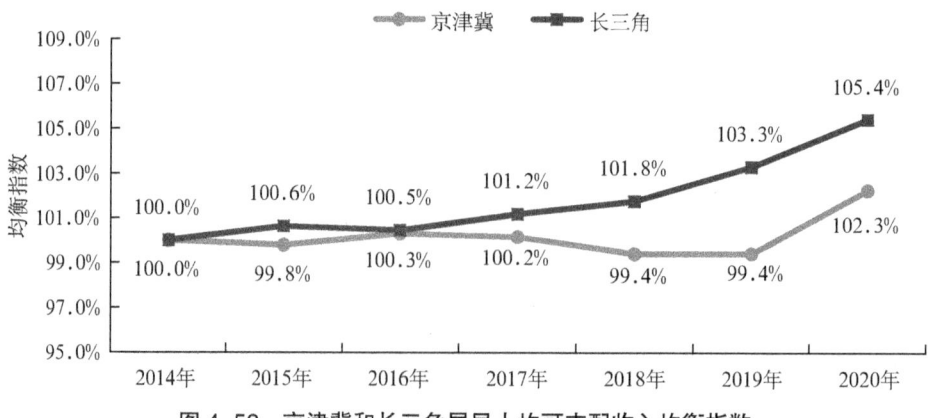

图4-52　京津冀和长三角居民人均可支配收入均衡指数

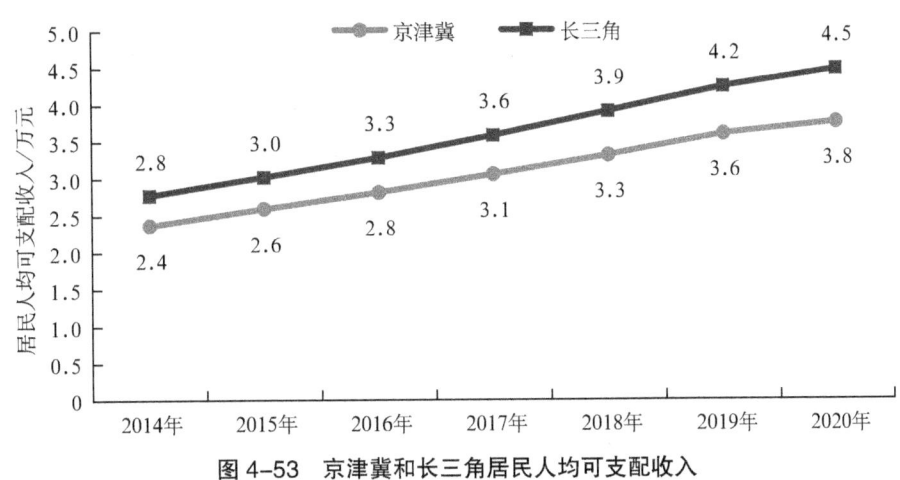

图 4-53 京津冀和长三角居民人均可支配收入

从京津冀和长三角区域内不同地区看，2014—2020 年北京居民人均可支配收入从 4.4 万元增加到 6.9 万元，年均增速为 7.7%；天津居民人均可支配收入从 2014 年的 2.9 万元增加到 2020 年的 4.4 万元，年均增速为 7.2%；同期河北居民人均可支配收入年均增速为 8.5%。从长三角地区看，2020 年居民人均可支配收入最高的为上海，达到 7.2 万元，2014—2020 年年均增速为 7.8%；最低的为安徽，居民人均可支配收入为 2.8 万元，2014—2020 年年均增速为 9.0%（图 4-54 和图 4-55）。

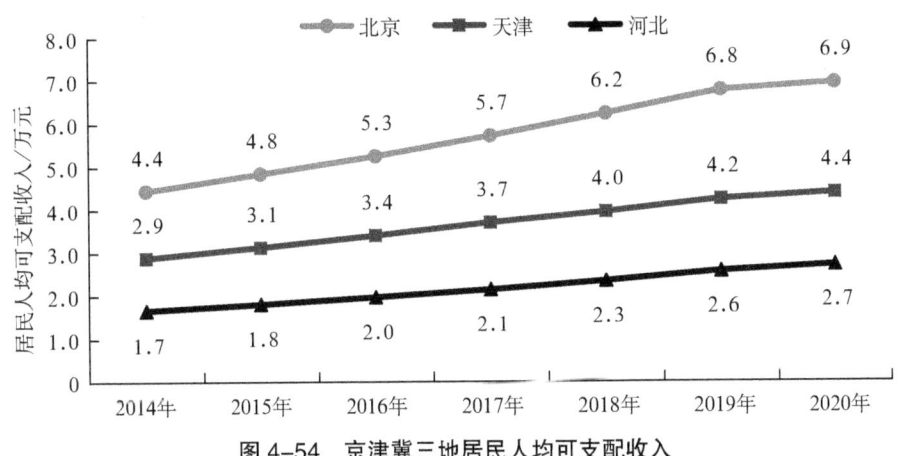

图 4-54 京津冀三地居民人均可支配收入

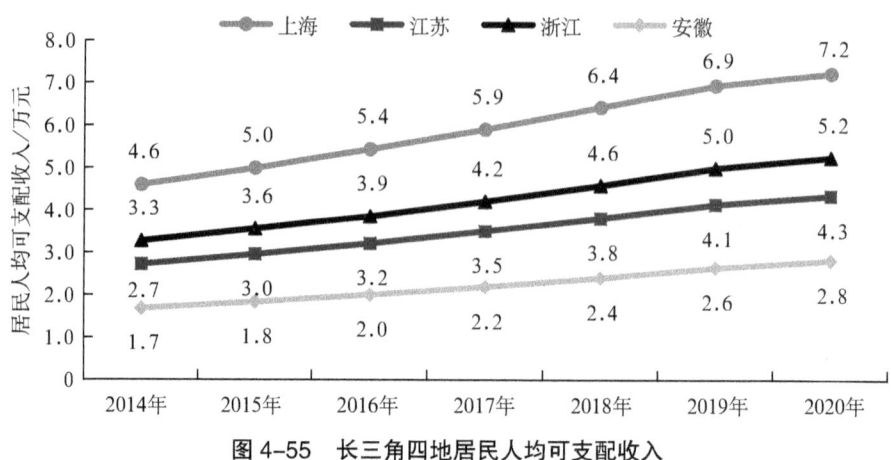

图 4-55 长三角四地居民人均可支配收入

第五章
河北省优势及潜力分析

自习近平总书记对京津冀发展提出要求，党中央发布《京津冀协同发展规划纲要》以来，河北省克服总量规模偏小、经济积累不足等不利因素，通过大力营造创新环境、努力聚集创新资源、不断加大科技投入，抢抓政策机遇，在京津冀协同创新的发展速度方面取得显著成效——河北省协同创新发展指数位居京津冀之首，部分指标的发展速度超过京津及长三角。

评价结果显示：2020年，京津冀协同创新总指数（以下简称"协同指数"）为132.5%，协同创新发展指数为159.5%。2020年，河北省协同创新发展指数为209.5%，比2014年提升109.5个百分点，超出京津冀协同创新发展指数50.0个百分点，超出长三角协同创新发展指数22.0个百分点。河北省在3个（共3个）一级指标、8个（共9个）二级指标和17个（共25个）三级指标中发展指数均居京津冀首位。

一、河北省协同创新实现超常发展

2020年，河北省的协同创新发展指数为209.5%，比2014年提升109.5个百分点，高于北京67.6个百分点，高于天津73.2个百分点，高于京津冀协同创新发展指数50.0个百分点，高于长三角协同创新发展指数22.0个百分点。协同创新发展指数的大幅增长，意味着自京津冀协同创新政策实施以来，河北省在评价指标所属领域实现了高速发展。

1. 一级发展指数均居京津冀之首

2020年，河北省创新环境、创新资源和创新经济3个一级发展指数均居京津冀之首。其中：

创新环境发展指数为162.7%，在京津冀三地中发展最快，高于京津冀创新环境发展指数21.6个百分点，虽然低于长三角创新环境发展指数13.4个百分点，但在京津冀三地中，是最接近长三角创新环境发展指数的。

创新资源发展指数为352.9%，在京津冀三地中发展指数最高，超出京津冀创新资源发展指数142.1个百分点，超过长三角创新资源发展指数102.9个百分点。

创新经济发展指数为160.2%，在京津冀三地中位居榜首，高出京津冀创新经济发展指数23.9个百分点，高出长三角创新经济发展指数10.5个百分点（图5-1）。

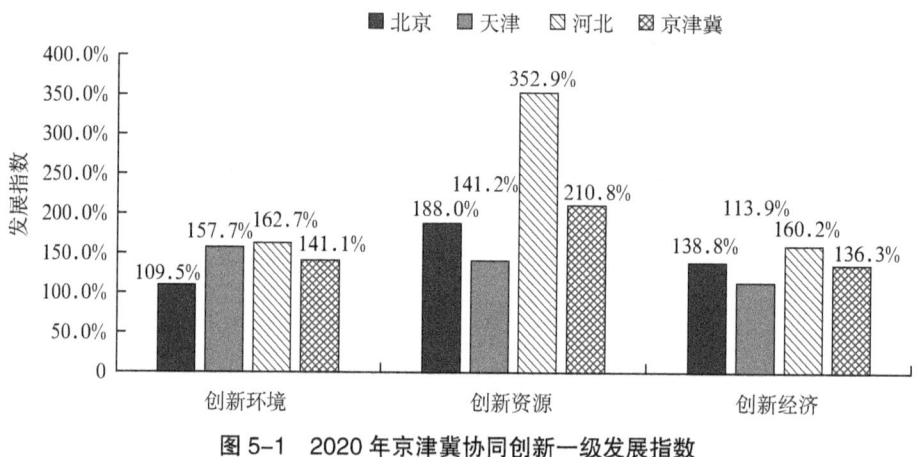

图5-1 2020年京津冀协同创新一级发展指数

2. 创新成果和创新机构发展强劲

2020年，9个二级指标中河北省有8个发展指数居京津冀首位，1个居第2位。其中，8个居首位的指标分别为网络信息、生态保护、创新机构、创新投入、创新成果、高新产业、经济发展、经济成果。居第2位的指标是物流交通。河北省创新成果和创新机构两个方面表现突出，其中，创新成果发展指数达到1065.7%，创新机构发展指数为241.5%，分别高出北京764.8个百分点和98.0个百分点，高出天津833.3个百分点和116.2个百分点，高出长三角582.7个百分点和63.8个百分点（表5-1）。

表 5-1　2020 年京津冀协同创新二级发展指数

地区	物流交通	网络信息	生态保护	创新机构	创新投入	创新成果	高新产业	经济发展	经济成果
京津冀	69.7%	294.6%	136.8%	163.1%	136.5%	420.8%	135.3%	127.3%	147.0%
北京	43.1%	241.6%	126.2%	143.5%	154.0%	300.9%	132.9%	136.3%	147.8%
天津	97.2%	311.1%	129.6%	125.3%	96.7%	232.4%	99.2%	104.6%	142.4%
河北	80.9%	340.1%	156.6%	241.5%	170.7%	1065.7%	188.1%	144.7%	151.0%
长三角	150.3%	280.0%	129.7%	177.7%	182.1%	483.0%	166.1%	133.1%	151.8%

3. 众多三级发展指数表现突出

2020 年，25 个三级指标中，河北省有 17 个发展指数居京津冀首位，6 个居第 2 位，2 个居第 3 位。

2020 年，河北省创新成果中的输出技术成交额、有效发明专利数和区域间技术成交额 3 个三级指标的发展速度均居京津冀之首，发展指数表现异常突出，分别达到 1899.1%、376.6% 和 1692.0%；创新机构中的国家重点实验室和工程技术中心数、国家备案众创空间数和国家级科技企业孵化器数发展速度同样居京津冀第 1 位，发展指数分别达到了 320.0%、143.1% 和 307.7%。

河北省网络信息、生态保护和高新产业发展较快。2020 年，河北省邮电业务总量、空气达到二级以上天数、生活垃圾无害化处理量、高技术产品出口额、高新技术企业就业人员和规模以上工业企业新产品销售收入 6 个指标的发展指数分别为 826.8%、250.8%、147.8%、111.3%、277.3% 和 215.7%，相对 2014 年的发展速度和改善程度超过了北京和天津。

5 个指标发展优势明显。2020 年，河北省人均地方财政收入、居民人均可支配收入、地方财政科技支出、R&D 经费内部支出和轨道交通里程 5 个指标发展指数分别为 154.2%、163.0%、198.3%、202.6% 和 204.0%，均居京津冀之首，为河北省创新投入和物流交通发展做出了贡献（表 5-2）。

表 5-2 2020 年京津冀协同创新三级发展指数中河北省优势指标情况

指标	京津冀	北京	天津	河北	长三角
轨道交通里程	165.9%	138.0%	162.3%	204.0%	445.2%
邮电业务总量	632.4%	418.9%	730.3%	826.8%	648.7%
空气达到二级以上天数	179.3%	164.3%	140.0%	250.8%	153.3%
生活垃圾无害化处理量	133.3%	109.1%	146.9%	147.8%	135.6%
国家重点实验室和工程技术中心数	181.4%	124.3%	150.0%	320.0%	136.1%
国家备案众创空间数	125.9%	124.3%	112.3%	143.1%	194.9%
国家级科技企业孵化器数	190.0%	191.2%	116.7%	307.7%	211.4%
R&D 经费内部支出	157.1%	183.4%	104.4%	202.6%	199.0%
地方财政科技支出	146.2%	145.4%	108.4%	198.3%	205.8%
输出技术成交额	475.1%	201.3%	280.4%	1899.1%	503.3%
有效发明专利数	316.1%	323.8%	258.9%	376.6%	383.9%
区域间技术成交额	496.3%	417.8%	172.9%	1692.0%	583.1%
高技术产品出口额	90.5%	105.4%	63.1%	111.3%	143.5%
高新技术企业就业人员	222.6%	176.9%	224.8%	277.3%	190.5%
规模以上工业企业新产品销售收入	123.1%	125.9%	68.7%	215.7%	167.6%
人均地方财政收入	121.0%	132.7%	86.7%	154.2%	139.4%
居民人均可支配收入	157.0%	156.1%	152.1%	163.0%	161.1%

2020 年，河北省国家铁路地区间货物交流量、移动互联网用户数、电子商务销售额、R&D 人员折合全时当量、综合能耗产出率和人均 GDP 共 6 个指标的发展指数居京津冀第 2 位。

二、评价对河北省协同创新工作的启示

京津冀协同创新研究是站在协同创新的角度，选取与创新有关的统计指标，对京津冀协同发展相关政策实施以来指标的发展情况和指标在区域间的均衡情况，综合进行评价。通过上述分析可以看到，河北省众多指标的发展指数领先于京津两地，有些指标的发展指数甚至超过了长三角。这充分体现了河北省在协同创新方面努力工作取得的成效。

但也应该看到，上述评价结果从另一个角度也说明，河北省在某些指标的总量规模方面小于京津两地。在这些领域，河北省仍需要加大改进力度，努力实现规模与速度同步发展。

1. 总量规模有待提升

一般来说，增速与规模成反比。规模越大、增速越慢；规模越小，增速越快。河北省众多指标发展速度超过京津两地，发展迅速，有的指标还实现了超常发展，表现突出。这种发展速度，必然包含着河北省委省政府的政策导向和大力推动等多重因素，但总量规模偏小也是主要因素。

2020年，在25个三级评价指标中，河北省有12个指标总量不及京津两地，其中，总量不足北京1/3的指标有10个。这些指标一是与地方拥有的科教和创新资源高度相关，如国家重点实验室和工程技术中心数、输出技术成交额、有效发明专利数、区域间技术成交额、R&D经费内部支出等；二是与地方经济水平直接相关，如轨道交通里程、人均地方财政收入、地方财政科技支出等；三是与地方产业结构有关，如电子商务销售额、高技术产品出口额等（表5-3）。

表5-3 2020年河北省总量不足北京1/3的指标

指标	单位	北京	天津	河北	河北/北京	河北/天津
国家重点实验室和工程技术中心数	个	184	24	16	8.7%	66.7%
轨道交通里程	公里	727.0	238.9	61.6	8.5%	25.8%
输出技术成交额	亿元	6316.2	1089.6	555.0	8.8%	50.9%
有效发明专利数	万件	33.6	3.8	3.4	10.2%	89.5%

续表

指标	单位	北京	天津	河北	河北/北京	河北/天津
区域间技术成交额	亿元	347.5	150.0	55.0	15.8%	36.6%
电子商务销售额	亿元	25 831.8	4342.0	4402.3	17.0%	101.4%
人均地方财政收入	元	25 052	13 865	5126	20.5%	37.0%
地方财政科技支出	亿元	411.0	118.2	101.8	24.8%	86.1%
高技术产品出口额	亿美元	197.6	125.9	30.7	15.5%	24.4%
R&D经费内部支出	万元	23 265 793	4 850 116	6 343 723	27.3%	130.8%

在全部三级评价指标中，河北省总量介于北京1/3~2/3的指标共计7个。其中，客运量、综合能耗产出率、居民人均可支配收入、人均GDP 4个指标与河北省传统产业结构偏高、经济实力偏弱有关；R&D人员折合全时当量、国家级科技企业孵化器数和高新技术企业就业人员3个指标则与地方科技资源有关，北京研发创新中心的定位和对周边地区科技资源的虹吸效应，加上天津的直辖市定位，导致河北省的科技资源天然不足、发展受限（表5-4）。

表5-4 2020年河北省总量介于北京1/3~2/3的指标

指标	单位	北京	天津	河北	河北/北京	河北/天津
综合能耗产出率	元/千克标准煤	38.9	15.8	13.3	34.1%	83.9%
居民人均可支配收入	万元	6.94	4.39	2.71	39.1%	61.9%
R&D人员折合全时当量	人年	336 279	90 639	125 057	37.2%	138.0%
国家级科技企业孵化器数	个	65	35	40	61.5%	114.3%
人均GDP	万元	12.46	13.52	5.45	43.8%	40.3%
高新技术企业就业人员	万人	273.3	69.4	141.8	51.9%	204.4%
客运量	万人	30 936	10 602	17 677	57.1%	166.7%

河北省总量接近或略高于北京的指标有4个，分别为生活垃圾无害化处理量、国家备案众创空间数、空气达到二级以上天数和城市污水处理率。除国家备案众创空间数以外，其他3个生态保护指标正是河北省近年来倾力解决问题的重要领域。河北省这3个指标接近或超过北京、天津水平，说明了河北省在改造钢铁等传统产业、强化生态环境建设、打造环北京圈环境保护屏障等方面做出了重大牺牲和贡献，也取得了实质性的显著成效（表5-5）。

表5-5　2020年河北省总量接近或略高于北京的指标

指标	单位	北京	天津	河北	河北/北京	河北/天津
城市污水处理率		96.6%	96.4%	98.5%	102.0%	102.1%
生活垃圾无害化处理量	万吨	797.5	306.5	786.2	98.6%	256.5%
空气达到二级以上天数	天	276	245	243	88.2%	99.3%
国家备案众创空间数	个	138	82	103	74.6%	125.6%

因此，尽管河北省在总量规模方面与北京、天津存在一些差距，但高速发展仍然是解决总量不足最好的途径。如果能够保持持续加大投入的状态，河北省必将在京津冀协同创新方面取得更大成效。

2. 个别指标亟待改善

评价结果显示，轨道交通里程、综合能耗产出率、人均GDP和居民人均可支配收入仍是河北省需要高度关注、亟待改善的指标。

轨道交通是经济发展的桥梁。近年来，京津两地、长三角及国内很多地方都加大了轨道交通的投入力度，这一举措对拉动和促进当地经济发展起到了重要作用。受经济实力和其他多个方面因素影响，长期以来，河北省在轨道交通建设方面发展受到了限制，资金投入不够多、步子迈得不够大。可喜的是，《河北省轨道交通发展"十三五"规划》发布以来，"到2020年，全省轨道交通营业里程力争突破8500公里"的规划目标为河北省轨道交通发展带来明显改观。

综合能耗产出率是一个地区产业结构和经济发展模式的重要指标。河北省由于传统产业仍占据相当一部分比例，在企业节能降耗、改善产品结构、改进产出效率方面还需要制定更为积极有效的促进政策。一方面，需要积极引入高技术产业、战略性新兴产业和科技服务业企业落户河北省，改善现有产业结构；另一方面，需要积极鼓励传统产业企业加大技术改造力度，通过"三化"融合等有效措施嫁接传统产业，为河北省实现高质量发展打下坚实的经济基础。

通过大力营造环境，加大人才引进力度，改善人力资源结构；通过制定鼓励创新创业政策，激发企业竞进向上；通过精准扶贫，彻底改变落后地区的经济状况。以此改变河北省人均 GDP 偏低、居民人均可支配收入仍然不高的局面，推动河北省实现高质量发展。

京津冀协同创新研究通过有限的统计指标得出的评价结果，尽管可能不够全面，但却可以发现河北省在京津冀协同发展的大背景下，通过采取一系列强有力的措施，有效推动和实现了协同创新的快速发展。同时，通过评价结果也看到了河北省在经济、科技和社会发展方面，与北京、天津相比存在的不足。期望本研究独立客观的评价结果和相关建议，能够为河北省加快协同创新发展提供有益参考。

附 录

一、京津冀协同创新评价指标体系

具体见附表1。

附表1 京津冀协同创新评价指标体系

一级指标	二级指标	三级指标
创新环境	物流交通	客运量
		轨道交通里程
		国家铁路地区间货物交流量
	网络信息	移动互联网用户数
		电子商务销售额
		邮电业务总量
	生态保护	空气达到二级以上天数
		城市污水处理率
		生活垃圾无害化处理量
创新资源	创新机构	国家重点实验室和工程技术中心数
		国家备案众创空间数
		国家级科技企业孵化器数
	创新投入	R&D经费内部支出
		R&D人员折合全时当量
		地方财政科技支出

续表

一级指标	二级指标	三级指标
创新资源	创新成果	输出技术成交额
		有效发明专利数
		区域间技术成交额
创新经济	高新产业	高技术产品出口额
		高新技术企业就业人员
		规模以上工业企业新产品销售收入
	经济发展	人均地方财政收入
		综合能耗产出率
	经济成果	人均GDP
		居民人均可支配收入

二、京津冀和长三角协同创新指标数据

具体见附表2至附表26。

附表2　2014—2020年京津冀和长三角客运量

单位：万人

地区	2014年	2015年	2016年	2017年	2018年	2019年	2020年
京津冀	144 088.0	134 467.7	130 597.7	126 333.7	123 730.7	125 388.7	59 214.8
北京	65 063.0	62 849.3	61 519.2	58 871.0	58 934.7	62 976.6	30 935.9
天津	18 300.0	18 344.6	18 377.2	17 440.2	17 450.3	17 678.9	10 602.0
河北	60 725.0	53 273.8	50 701.3	50 022.6	47 345.7	44 733.3	17 676.9
长三角	438 222.0	350 331.0	334 119.4	315 869.5	298 183.3	297 908.3	184 983.7
上海	13 317.0	138 44.1	14 415.6	15 484.9	15 844.6	16 442.4	9233.6
江苏	155 207.0	138 308.0	133 580.2	126 782.7	120 612.0	120 298.1	85 309.7
浙江	130 145.0	111 369.3	105 018.0	104 496.7	98 380.2	101 893.0	58 074.6
安徽	139 553.0	86 809.6	81 105.6	69 105.2	63 346.6	59 274.8	32 365.8

附表3 2014—2020年京津冀和长三角轨道交通里程

单位：公里

地区	2014年	2015年	2016年	2017年	2018年	2019年	2020年
京津冀	704.3	731.3	778.3	813.5	883.7	1024.3	1027.5
北京	527.0	554.0	574.0	608.0	637.0	761.5	727.0
天津	147.1	147.1	174.1	175.3	216.5	232.5	238.9
河北	30.2	30.2	30.2	30.2	30.2	30.3	61.6
长三角	905.1	1143.0	1145.5	1490.3	1531.8	1779.9	2174.4
上海	548.2	614.2	614.2	668.6	710.1	709.6	719.4
江苏	311.6	370.5	350.3	584.8	584.8	677.9	834.8
浙江	20.9	133.8	156.5	184.6	184.6	302.8	507.8
安徽	24.5	24.5	24.5	52.3	52.3	89.5	112.5

附表4 2014—2020年京津冀和长三角国家铁路地区间货物交流量

单位：万吨

地区	2014年	2015年	2016年	2017年	2018年	2019年	2020年
京津冀	6413.0	5234.0	4260.7	4562.8	4892.6	5231.8	5446.1
北京	616.0	549.0	326.4	345.3	263.8	142.8	75.0
天津	2331.0	2232.0	1801.9	1787.2	1768.0	2111.1	2274.9
河北	3466.0	2453.0	2132.4	2430.3	2860.7	2978.0	3096.2
长三角	2977.0	2920.0	2707.9	2441.0	2179.7	2537.7	3226.4
上海	39.0	38.0	41.8	39.9	45.0	75.6	113.8
江苏	621.0	516.0	531.0	515.9	684.1	949.3	1567.0
浙江	110.0	86.0	96.4	110.1	108.1	152.2	212.7
安徽	2207.0	2280.0	2038.8	1775.0	1342.5	1360.7	1333.0

附表5 2014—2020年京津冀和长三角移动互联网用户数

单位：万户

地区	2014年	2015年	2016年	2017年	2018年	2019年	2020年
京津冀	7625.2	8798.5	10 237.8	12 161.1	11 148.9	11 655.1	11 865.6
北京	2785.4	3251.7	3594.0	4639.7	3291.1	3289.2	3272.9
天津	805.7	958.1	1125.4	1309.6	1352.5	1450.7	1488.8
河北	4034.1	4588.7	5518.3	6211.8	6505.3	6915.2	7104.0
长三角	16 938.8	18 783.6	20 645.3	24 746.7	22 441.5	23 487.9	23 845.9
上海	2562.7	2569.3	2662.3	3393.1	3032.0	3197.4	3365.7
江苏	6345.4	6728.9	7436.9	9257.7	7979.5	8452.6	8428.7
浙江	5362.1	5813.6	6366.3	7456.3	6833.6	7047.0	7041.1
安徽	2668.6	3671.8	4179.9	4639.7	4596.3	4790.8	5010.5

附表6 2014—2020年京津冀和长三角电子商务销售额

单位：亿元

地区	2014年	2015年	2016年	2017年	2018年	2019年	2020年
京津冀	12 588.6	15 119.1	17 477.7	23 456.2	23 923.4	29 188.5	34 576.1
北京	9012.4	10 530.5	12 026.7	18 385.7	18 261.2	23 235.9	25 831.8
天津	1946.5	3148.6	3035.0	2629.4	3106.0	3226.3	4342.0
河北	1629.7	1440.0	2416.1	2441.1	2556.1	2726.3	4402.3
长三角	25 544.1	26 098.4	31 131.1	32 049.7	39 782.8	47 387.8	55 219.4
上海	12 437.0	12 879.4	16 037.7	15 342.3	17 412.0	20 462.4	23 624.8
江苏	6234.6	5193.5	5351.9	6576.6	8659.9	9873.8	13 189.1
浙江	4764.1	5581.2	6846.8	6831.3	8846.5	11 482.0	12 124.5
安徽	2108.4	2444.3	2894.7	3299.5	4864.4	5569.6	6281.1

附表7　2014—2020年京津冀和长三角邮电业务总量

单位：亿元

地区	2014年	2015年	2016年	2017年	2018年	2019年	2020年
京津冀	1959.0	2500.9	2068.7	3061.9	6176.8	9784.8	12 332.4
北京	889.9	1181.9	979.1	1289.9	2153.4	3142.1	3727.9
天津	243.6	321.1	269.6	406.8	853.2	1343.4	1779.1
河北	825.5	997.9	820.0	1365.2	3170.3	5299.3	6825.4
长三角	4899.0	6729.0	5976.2	8955.5	17 127.1	26 325.0	32 843.5
上海	906.0	1164.5	1074.2	1405.7	2257.0	3010.5	3672.3
江苏	1680.3	2316.5	1870.3	2947.4	5864.9	8972.3	10 888.2
浙江	1682.6	2424.6	2367.2	3522.6	6427.6	9894.7	12 620.9
安徽	630.0	823.5	664.5	1079.8	2577.7	4447.5	5662.0

附表8　2014—2020年京津冀和长三角空气达到二级以上天数

单位：天

地区	2014年	2015年	2016年	2017年	2018年	2019年	2020年
京津冀	147	192	206	207	209	223	250
北京	168	186	198	226	227	240	276
天津	175	216	226	209	207	219	245
河北	97	175	193	185	192	210	243
长三角	208	255	276	267	277	285	309
上海	278	252	276	275	295	309	319
江苏	188	250	263	253	255	261	295
浙江	216	244	305	305	309	321	339
安徽	151	274	259	235	251	250	295

附表9 2014—2020年京津冀和长三角城市污水处理率

地区	2014年	2015年	2016年	2017年	2018年	2019年	2020年
京津冀	90.6%	91.8%	92.8%	96.3%	97.4%	98.2%	97.2%
北京	86.1%	88.4%	90.6%	97.5%	98.6%	99.3%	96.6%
天津	91.0%	91.5%	92.1%	92.6%	93.8%	96.0%	96.4%
河北	95.1%	95.3%	95.4%	97.8%	98.2%	98.3%	98.5%
长三角	92.3%	93.6%	94.7%	95.3%	95.9%	96.5%	97.1%
上海	89.7%	92.9%	94.3%	94.5%	95.2%	96.3%	96.7%
江苏	93.5%	93.9%	94.6%	95.3%	95.6%	96.1%	96.8%
浙江	90.7%	92.0%	93.9%	95.0%	95.8%	97.0%	97.7%
安徽	96.2%	96.7%	97.4%	97.3%	97.7%	97.1%	97.4%

附表10 2014—2020年京津冀和长三角生活垃圾无害化处理量

单位：万吨

地区	2014年	2015年	2016年	2017年	2018年	2019年	2020年
京津冀	1471.4	1456.1	1833.7	1911.5	2007.8	2108.8	1890.3
北京	730.8	622.4	871.2	923.7	975.1	1010.9	797.5
天津	208.7	223.2	253.3	289.8	278.5	300.2	306.5
河北	531.9	610.5	709.2	698.0	754.2	797.7	786.2
长三角	3626.8	3881.2	4163.5	4544.2	4589.4	4736.5	4844.2
上海	608.4	613.2	629.4	743.1	784.7	750.6	868.1
江苏	1326.9	1456.1	1561.2	1734.7	1718.0	1809.6	1870.5
浙江	1229.0	1322.2	1433.2	1454.6	1474.6	1530.2	1444.9
安徽	462.5	489.7	539.6	611.9	612.0	646.1	660.7

附表11 2014—2020年京津冀和长三角国家重点实验室和工程技术中心数

单位：个

地区	2014年	2015年	2016年	2017年	2018年	2019年	2020年
京津冀	169	167	166	166	166	166	224
北京	148	146	143	143	143	143	184
天津	16	16	17	17	17	17	24
河北	5	5	6	6	6	6	16
长三角	135	135	136	136	136	136	175
上海	53	53	54	54	54	54	67
江苏	49	49	49	49	49	49	63
浙江	23	23	23	23	23	23	27
安徽	10	10	10	10	10	10	18

附表12 2015—2020年京津冀和长三角国家备案众创空间数

单位：个

地区	2015年	2016年	2017年	2018年	2019年	2020年
京津冀	256	256	309	299	289	323
北京	111	111	149	143	139	138
天津	73	73	77	76	73	82
河北	72	72	83	80	77	103
长三角	241	241	406	397	379	490
上海	46	46	76	69	60	69
江苏	94	94	169	168	166	217
浙江	77	77	120	119	113	154
安徽	24	24	41	41	40	50

附表13　2014—2020年京津冀和长三角国家级科技企业孵化器数

单位：个

地区	2014年	2015年	2016年	2017年	2018年	2019年	2020年
京津冀	77	93	105	109	111	127	140
北京	34	42	49	54	55	61	65
天津	30	36	37	32	33	33	35
河北	13	15	19	23	23	33	40
长三角	203	240	280	317	315	370	412
上海	28	35	43	49	47	55	61
江苏	114	136	158	175	175	201	219
浙江	44	52	59	68	68	82	94
安徽	17	17	20	25	25	32	38

附表14　2014—2020年京津冀和长三角R&D经费内部支出

单位：亿元

地区	2014年	2015年	2016年	2017年	2018年	2019年	2020年
京津冀	2046.6	2245.1	2405.3	2490.4	2862.9	3263.3	3445.9
北京	1268.8	1384.0	1484.6	1579.7	1870.8	2233.6	2326.6
天津	464.7	510.2	537.3	458.7	492.4	463.0	485.0
河北	313.1	350.9	383.4	452.0	499.7	566.7	634.4
长三角	3816.2	4180.3	4682.0	5296.5	5958.3	6727.9	7364.7
上海	862.0	936.1	1049.3	1205.2	1359.2	1524.6	1615.7
江苏	1652.8	1801.2	2026.9	2260.1	2504.4	2779.5	3005.9
浙江	907.9	1011.2	1130.6	1266.3	1445.7	1669.8	1859.9
安徽	393.6	431.8	475.1	564.9	649.0	754.0	883.2

附表15 2014—2020年京津冀和长三角R&D人员折合全时当量

单位：人年

地区	2014年	2015年	2016年	2017年	2018年	2019年	2020年
京津冀	459 665.1	477 024.3	484 104.0	486 113.1	470 103.2	518 286.8	551 976.9
北京	245 384.2	245 728.0	253 336.7	269 835.4	267 338.4	313 986.0	336 279.8
天津	113 335.0	124 321.0	119 383.6	103 086.9	99 490.1	92 502.1	90 639.5
河北	100 945.9	106 975.3	111 383.7	113 190.8	103 274.7	111 798.7	125 057.6
长三角	1 134 691.7	1 190 369.0	1 239 751.4	1 282 006.8	1 353 587.3	1 543 966.4	1 675 373.7
上海	168 173.4	171 797.7	183 931.9	183 462.1	188 137.8	198 645.8	228 620.8
江苏	498 801.4	520 302.5	543 437.7	560 002.0	560 262.8	635 278.9	669 084.0
浙江	338 398.2	364 710.4	376 552.5	398 091.0	458 037.9	534 723.6	582 980.8
安徽	129 318.7	133 558.4	135 829.3	140 451.7	147 148.8	175 318.1	194 688.1

附表16 2014—2020年京津冀和长三角地方财政科技支出

单位：亿元

地区	2014年	2015年	2016年	2017年	2018年	2019年	2020年
京津冀	443.0	454.1	484.1	546.8	609.6	634.0	630.9
北京	282.7	287.8	285.8	361.8	425.9	433.4	411.0
天津	109.0	120.8	125.2	116.0	106.7	109.9	118.2
河北	51.3	45.5	73.2	69.1	77.0	90.7	101.8
长三角	927.0	1042.5	1251.3	1381.8	1608.1	1855.6	1832.7
上海	262.3	271.9	341.7	389.9	426.4	389.5	406.2
江苏	327.1	372.0	381.0	428.0	507.3	572.0	584.4
浙江	208.0	250.8	269.0	303.5	379.7	516.1	472.1
安徽	129.6	147.9	259.5	260.4	294.8	378.0	370.0

附表17　2014—2020年京津冀和长三角输出技术成交额

单位：亿元

地区	2014年	2015年	2016年	2017年	2018年	2019年	2020年
京津冀	3555.0	3996.9	4552.6	5127.3	5919.4	6985.7	7960.7
北京	3137.2	3453.9	3941.0	4486.9	4957.8	5695.3	6316.2
天津	388.6	503.4	552.6	551.4	685.6	909.3	1089.6
河北	29.2	39.5	59.0	88.9	276.0	381.2	555.0
长三角	1392.7	1525.3	1832.4	2163.3	3128.6	4231.5	5734.0
上海	592.5	663.8	781.0	810.6	1225.2	1422.4	1583.2
江苏	543.2	572.9	635.6	778.4	991.5	1471.5	2087.8
浙江	87.3	98.1	198.4	324.7	590.7	888.0	1403.3
安徽	169.8	190.5	217.4	249.6	321.3	449.6	659.6

附表18　2014—2020年京津冀和长三角有效发明专利数

单位：件

地区	2014年	2015年	2016年	2017年	2018年	2019年	2020年
京津冀	127 440	163 812	205 140	255 420	298 287	347 882	407 874
北京	103 638	133 040	166 722	205 320	241 282	284 288	335 575
天津	14 736	18 493	22 663	28 601	32 066	34 726	38 152
河北	9066	12 279	15 755	21 499	24 939	28 868	34 147
长三角	205 986	280 198	362 385	438 082	522 441	607 992	735 010
上海	56 515	69 982	85 049	100 433	114 967	129 768	145 604
江苏	81 114	113 160	146 859	179 963	212 394	242 803	291 648
浙江	52 418	70 981	91 373	109 952	133 605	160 609	199 572
安徽	15 939	26 075	39 104	47 734	61 475	74 812	98 186

附表19 2014—2020年京津冀和长三角区域间技术成交额

单位：亿元

地区	2014年	2015年	2016年	2017年	2018年	2019年	2020年
京津冀	173.2	218.2	253.9	284.3	346.4	425.5	552.4
北京	83.2	111.6	154.7	203.5	227.4	282.8	347.5
天津	86.8	104.3	92.3	73.5	94.6	96.8	150.0
河北	3.2	2.4	6.8	7.3	24.4	45.9	55.0
长三角	91.4	101.5	107.4	175.1	359.2	542.9	540.7
上海	38.7	47.8	46.6	47.5	172.8	204.9	222.9
江苏	29.7	27.6	27.8	47.7	85.4	109.0	180.5
浙江	10.5	11.4	12.6	30.4	63.7	92.5	88.0
安徽	12.6	14.6	20.4	49.4	37.3	136.5	49.2

附表20 2014—2020年京津冀和长三角高技术产品出口额

单位：亿美元

地区	2014年	2015年	2016年	2017年	2018年	2019年	2020年
京津冀	414.5	361.1	285.6	298.1	336.9	321.0	354.2
北京	187.5	140.4	113.2	113.2	150.3	157.5	197.6
天津	199.4	197.2	153.4	163.0	158.1	133.1	125.9
河北	27.5	23.6	18.9	21.9	28.6	30.5	30.7
长三角	2400.4	2398.3	2187.8	2495.7	2699.2	2601.0	2733.3
上海	890.6	852.3	790.6	845.3	864.6	818.1	835.4
江苏	1293.6	1311.1	1168.9	1386.5	1523.5	1442.8	1477.0
浙江	155.0	168.0	168.5	186.5	210.9	232.8	292.9
安徽	61.2	66.9	59.9	77.4	100.2	107.3	128.1

附表 21　2014—2020 年京津冀和长三角高新技术企业就业人员

单位：人

地区	2014 年	2015 年	2016 年	2017 年	2018 年	2019 年	2020 年
京津冀	2 364 812	2 747 820	3 076 670	3 559 373	4 037 812	4 498 359	4 844 173
北京	1 544 850	1 764 414	1 933 858	2 145 854	2 322 720	2 565 435	2 732 639
天津	308 645	423 894	496 875	560 835	603 507	644 967	693 747
河北	511 317	559 512	645 937	852 684	1 111 585	1 287 957	1 417 787
长三角	5 992 990	6 312 385	7 126 214	7 765 124	8 912 541	9 924 144	11 384 876
上海	1 203 170	1 332 241	1 423 736	1 486 430	1 619 521	1 784 780	1 952 598
江苏	2 568 377	2 637 919	2 933 203	3 084 630	3 525 289	3 810 008	4 239 491
浙江	1 577 471	1 659 342	1 937 789	2 328 170	2 768 988	3 217 250	3 916 731
安徽	643 972	682 883	831 486	865 894	998 743	1 112 106	1 276 056

附表 22　2014—2020 年京津冀和长三角规模以上工业企业新产品销售收入

单位：亿元

地区	2014 年	2015 年	2016 年	2017 年	2018 年	2019 年	2020 年
京津冀	13 246.1	12 768.1	13 651.8	12 876.5	13 221.2	15 551.6	16 427.9
北京	4247.0	3564.0	4085.9	4119.3	4136.6	5220.2	5344.9
天津	5665.1	5727.8	5642.8	4094.9	3855.7	3846.6	3892.0
河北	3334.0	3476.2	3923.1	4662.3	5228.9	6484.7	7191.0
长三角	53 776.6	56 655.6	65 836.0	68 640.4	71 062.3	76 040.8	89 958.9
上海	8447.0	7470.9	9033.5	10 068.2	9796.7	10 140.9	10 159.2
江苏	23 540.9	24 463.3	28 084.7	28 579.0	28 425.0	30 101.9	39 442.8
浙江	16 507.9	18 839.1	21 396.8	21 150.2	23 308.2	26 099.4	28 302.5
安徽	5280.9	5882.2	7321.1	8843.1	9532.4	9698.6	12 054.4

附表23 2014—2020年京津冀和长三角人均地方财政收入

单位：元

地区	2014年	2015年	2016年	2017年	2018年	2019年	2020年
京津冀	8068.6	9047.4	9535.5	9776.3	10 130.9	10 600.1	10 175.2
北京	18 878.5	21 859.1	23 397.1	25 005.4	26 757.5	27 006.0	25 052.0
天津	15 994.2	17 410.7	17 520.4	14 814.7	13 514.5	15 441.4	13 865.3
河北	3325.0	3577.9	3826.6	4314.8	4661.7	4936.6	5126.6
长三角	8280.7	9449.2	10 163.8	10 515.4	11 308.6	11 579.6	11 287.9
上海	18 945.3	22 803.4	26 497.5	27 458.7	29 360.4	29 534.6	28 321.1
江苏	9098.6	10 075.8	10 167.2	10 196.4	10 733.8	10 920.4	10 686.6
浙江	7490.5	8708.1	9528.2	10 321.7	11 581.9	12 166.4	11 206.3
安徽	3663.0	4014.7	4332.1	4517.6	4847.2	5016.1	5267.8

附表24 2014—2020年京津冀和长三角综合能耗产出率（2010年价）

单位：元/千克标准煤

地区	2014年	2015年	2016年	2017年	2018年	2019年	2020年
京津冀	13.1	13.9	14.7	15.4	16.2	16.9	17.5
北京	27.8	29.6	31.1	32.4	33.7	35.3	38.9
天津	12.5	13.2	14.0	14.9	15.1	15.3	15.8
河北	9.8	10.4	11.0	11.5	12.2	12.9	13.3
长三角	19.7	20.8	21.7	22.8	24.1	24.9	24.9
上海	21.6	22.5	23.4	24.7	26.2	27.1	29.1
江苏	20.2	21.7	22.7	24.1	25.7	26.4	27.3
浙江	20.2	20.9	21.8	22.6	23.5	24.3	22.8
安徽	15.8	16.7	17.7	18.6	19.8	20.4	20.0

附表 25　2014—2020 年京津冀和长三角人均 GDP（2010 年价）

单位：元

地区	2014 年	2015 年	2016 年	2017 年	2018 年	2019 年	2020 年
京津冀	52 680.5	55 724.4	59 029.1	62 328.5	65 911.0	56 121.6	72 385.1
北京	89 001.3	93 896.4	99 811.9	106 534.6	114 091.8	121 507.7	124 597.6
天津	101 388.7	108 080.4	116 186.4	120 034.2	124 487.6	130 214.0	135 180.1
河北	38 958.5	41 334.9	43 856.4	46 443.9	49 224.8	52 276.7	54 516.0
长三角	63 971.1	68 877.6	73 804.1	78 800.4	83 673.0	88 412.7	89 398.8
上海	95 045.4	101 603.5	108 715.7	116 108.4	123 626.6	130 673.3	132 552.3
江苏	75 821.1	82 114.3	88 272.8	94 275.4	10 0241.6	106 055.6	109 980.8
浙江	69 121.7	74 375.0	79 432.5	84 701.6	89 504.0	93 979.2	96 178.3
安徽	31 325.9	33 738.0	36 335.9	39 059.4	41 760.6	44 475.1	46 500.1

附表 26　2014—2020 年京津冀和长三角居民人均可支配收入

单位：元

地区	2014 年	2015 年	2016 年	2017 年	2018 年	2019 年	2020 年
京津冀	23 711.1	25 962.2	28 166.3	30 591.4	33 140.1	36 010.0	37 561.9
北京	44 488.6	48 458.0	52 530.4	57 229.8	62 361.2	67 755.9	69 433.5
天津	28 832.3	31 291.4	34 074.5	37 022.3	39 506.2	42 404.1	43 854.1
河北	16 647.4	18 118.1	19 725.4	21 484.1	23 445.7	25 664.7	27 135.9
长三角	27 757.4	30 224.5	32 847.6	35 834.0	39 066.2	42 380.6	44 732.8
上海	45 965.8	49 867.2	54 305.4	58 988.0	64 182.7	69 441.6	72 232.4
江苏	27 172.8	29 538.9	32 070.1	35 024.1	38 095.8	41 399.7	43 390.4
浙江	32 657.6	35 537.1	38 529.0	42 045.7	45 839.8	49 898.8	52 397.4
安徽	16 795.5	18 362.6	19 998.1	21 863.3	23 983.6	26 415.1	28 103.2

三、京津冀协同创新评价指标解释

1. 客运量

指在一定时段内各种运输工具实际运送的旅客数量。旅客不论行程远近或票价多少,均按一人一次客运量统计;半价票、儿童票也按一人统计。数据来源:《中国统计年鉴》。

2. 轨道交通里程

指具有固定线路、铺设固定轨道、配备运输车辆及服务设施等的公共交通设施的长度。数据来源:《中国城市建设统计年鉴》。

3. 国家铁路地区间货物交流量

指区域间国家铁路运营的货物交流数量。数据来源:《中国统计年鉴》。

4. 移动互联网用户数

移动互联网是移动通信和互联网融合的产物,继承了移动通信随时随地随身和互联网分享、开放、互动的优势,是整合二者优势的"升级版本"。移动互联网用户数指接入移动互联网进行信息查询和享受网上信息服务的人数。数据来源:《中国统计年鉴》。

5. 电子商务销售额

指利用互联网(Internet)、企业内部网(Intranet)和增值网(Value Added Network,VAN)以电子交易方式进行交易活动和相关服务的费用总额。数据来源:《中国统计年鉴》。

6. 邮电业务总量

指以货币形式表示的邮政、电信通信企业为社会提供各类邮政、电信通信服务的总数量。计算方法为各类业务的实物量分别乘以相应的不变单价,求出各类业务的货币量加总。没有不变单价的业务按其业务收入直接相加。数据来源:《中国统计年鉴》。

7. 空气达到二级以上天数

按照国家统一规定，空气达到二级以上标准是指空气污染指数≤100，如果空气污染指数≤50，说明空气质量为优；空气污染指数>50且≤100时，说明空气质量为良好。空气污染指数是根据环境空气质量标准和各项污染物对人体健康和生态环境的影响来确定污染指数的分级及相应的污染物浓度值。目前计入空气污染指数的项目暂定为二氧化硫、氮氧化物和总悬浮颗粒物。空气达到二级以上天数是反映空气质量的重要指标。本书使用的是按地区下辖的各地级市的常住人口加权计算的空气达到二级以上天数。数据来源：《中国区域创新能力监测报告》。

8. 城市污水处理率

指经管网进入污水处理厂处理的城市污水量占污水排放总量的百分比。数据来源：《中国城市建设统计年鉴》。

9. 生活垃圾无害化处理量

指用卫生填埋、堆肥、焚烧等工艺方法处理的生活垃圾总量。数据来源：《中国统计年鉴》。

10. 国家重点实验室和工程技术中心数

国家重点实验室是国家科技创新体系的重要组成部分，它依托于中科院各研究所、重点大学，是国家组织高水平基础研究和应用研究、聚集和培养优秀科学家、开展高层次学术交流的重要基地。

国家工程技术研究中心是国家科技发展计划的重要组成部分，主要依托于行业、领域科技实力雄厚的重点科研机构、科技型企业或高校，拥有国内一流的工程技术研究开发、设计和试验的专业人才队伍，具有较完备的工程技术综合配套试验条件，能够提供多种综合性服务，与相关企业紧密联系，同时具有自我良性循环发展机制的科研开发实体。数据来源：相关年度工作报告。

11. 国家备案众创空间数

众创空间指为满足大众创新创业需求，提供工作空间、网络空间、社交空间和资源共享空间，积极利用众筹、众扶、众包等新手段，以社会化、专业化、市场化、网络化为服务特色，实现低成本、便利化、全要素、开放式运营的创新创业平台。众创空间作为培育创新企业的重要载体,越来越成为国家创新发展中的重要组成部分,是反映国家级创业孵化载体发展水平的重要指标。数据来源:《中国火炬统计年鉴》。

12. 国家级科技企业孵化器数

科技企业孵化器是培育和扶植高新技术中小企业的服务机构,对推动高新技术产业发展、完善国家和区域创新体系、繁荣经济发挥着重要的作用,具有重大的社会经济意义。国家级科技企业孵化器数是指经国家认定的在一定时间内拥有的科技企业孵化器总量。数据来源:《中国火炬统计年鉴》。

13. R&D 经费内部支出

指报告期调查单位内部为实施 R&D 活动而实际发生的全部经费,按"全成本核算"的口径进行计量,包括人员工资、劳务费、其他日常支出、仪器设备购置费、土地使用和建造费等;不包括与外单位合作研究而拨给对方使用的经费。数据来源于:《中国科技统计年鉴》。

14. R&D 人员折合全时当量

R&D 人员是指报告期 R&D 活动单位中从事基础研究、应用研究和试验发展活动的人员。包括:①直接参加 R&D 活动的人员;②与 R&D 活动相关的管理人员和直接服务人员,即直接为 R&D 活动提供资料文献、材料供应、设备维护等服务的人员。不包括为 R&D 活动提供间接服务的人员,如餐饮服务、安保人员等,以及全年从事 R&D 活动工作量不到 0.1 年的人员。

R&D 人员折合全时当量是指报告期 R&D 人员按实际从事 R&D 活动时间计算的工作量,以"人年"为计量单位,是全时人员折合全时工作量与所有非全时人员工作量之和,结果取整数。一个全时人员的折合全时工作量计为 1,非全时人员按实际投入工作量进行累加。

本书中 R&D 人员选取的是 R&D 人员折合全时当量。该指标更能准确反映投入 R&D 活动的人员规模和工作量。数据来源:《中国科技统计年鉴》。

15. 地方财政科技支出

指地方财政预算用于科学技术支出的费用,是衡量地方政府对科技活动支持规模和力度的重要指标。数据来源:《中国科技统计年鉴》。

16. 输出技术成交额

指报告期内调查单位作为卖方签订的技术合同（技术开发、技术转让、技术咨询、技术服务）的合同标的金额的总和。数据来源：《中国科技统计年鉴》。

17. 有效发明专利数

指报告期末调查单位作为专利权人拥有的、经国内知识产权管理部门授权且在有效期内的发明专利件数。数据来源：《中国科技统计年鉴》。

18. 区域间技术成交额

指报告期内由技术市场管理办公室认定登记的、京津冀区域内两两地区之间、长三角区域内两两地区之间签订的技术合同（技术开发、技术转让、技术咨询、技术服务）的合同标的金额的总和。数据来源：相关各地技术合同网上登记系统。

19. 高技术产品出口额

高技术产品指的是纳入海关总署《高技术产品目录》中的产品。高技术产品包括全新型产品、首次生产的换代型产品、首次生产的改进型产品等，具有技术含量高、经济效益好和市场前景广阔的特点。高技术产品出口额是指实际输出中国国境的高技术产品总金额。数据来源：《中国科技统计年鉴》。

20. 高新技术企业就业人员

指在报告期末，在高新技术企业中从事劳动并取得劳动报酬或经营收入的全部劳动力。数据来源：《中国火炬统计年鉴》。

21. 规模以上工业企业新产品销售收入

指规模以上工业企业销售新产品实现的销售收入。规模以上工业企业指年主营业务收入在2000万元以上的工业企业。新产品指采用新技术原理、新设计构思研制、生产的全新产品，或者在结构、材质、工艺等某一方面比原有产品有明显改进、显著提高了产品性能或扩大了使用功能的产品，既包括经政府有关部门认定并在有效期内的新产品，也包括企业自行研制开发，未经政府有关部门认定，从投产之日起一年之内的新产品。数据来源：《中国科技统计年鉴》。

22. 人均地方财政收入

指一地区核算期内（通常是一年）的一般公共预算收入与这个地区的两年年末平均人口数的比值。一般公共预算收入指地方财政参与社会产品分配所取得的收入，是实现地方政府职能的财力保证。主要包括：①各项税收，包括国内增值税、国内消费税、进口货物增值税和消费税、出口货物退增值税和消费税、企业所得税、个人所得税、资源税、城市维护建设税、房产税、印花税、城镇土地使用税、土地增值税、车船税、船舶吨税、车辆购置税、关税、耕地占用税、契税、烟叶税、环境保护税等。②非税收入，包括专项收入、行政事业性收费、罚没收入、国有资本经营收入、国有资源（资产）有偿使用收入和其他收入。数据来源：《中国统计年鉴》。

23. 综合能耗产出率

我国是一个能源相对短缺的国家，因此，提高能源使用效率具有十分重要的意义，科技创新则是重要手段。综合能耗产出率指的是地区生产总值与地区综合能源消费量之比，反映单位能源消耗的经济产出效率。数据来源：《分省（区、市）万元地区生产总值能耗降低率等指标公报》和《中国统计年鉴》。

24. 人均GDP

指一地区核算期内（通常是一年）实现的生产总值与这个地区的两年年末平均人口数的比值。人均GDP是衡量一个地区经济发展水平最具代表性的重要指标。数据来源：《中国统计年鉴》。

25. 居民人均可支配收入

指平均每个居民可用于最终消费支出和储蓄的总和，即平均每个居民可用于自由支配的收入，包括现金收入和实物收入。按照收入的来源，可支配收入包含4项，分别为工资性收入、经营净收入、财产净收入和转移净收入。数据来源：《中国统计年鉴》。